大学生人际交往

钟　歆　著

科　学　出　版　社

北　京

内 容 简 介

本书共分为四个部分。第一部分介绍人际关系相关理论，主要以依恋理论为依托，探讨大学生人际关系的产生和发展两方面内容；第二部分对大学生积极人际关系的形成机制进行深入分析，通过实验研究探讨情绪面孔对人际关系的影响以及大学生积极人际关系的形成条件和影响因素；第三部分探索了改善和促进大学生人际关系的方法，包含实验训练干预和团体辅导干预两种方法；第四部分进行思考和展望，对安全依恋在积极人际关系促进中的价值、大学生积极人际关系的可塑性及其实现路径进行了归纳和提炼，并指出未来的研究方向。

本书可供高校心理健康教师、心理咨询师、大学生以及心理学爱好者参考使用。

图书在版编目(CIP)数据

大学生人际交往 / 钟歆著. — 北京：科学出版社，2024.2
ISBN 978–7–03–066078–7

Ⅰ. ①大… Ⅱ. ①钟… Ⅲ. ①大学生–人际关系学 Ⅳ. ①C912.11

中国版本图书馆 CIP 数据核字（2020）第 172154 号

责任编辑：陈　杰 / 责任校对：彭　映
责任印制：罗　科 / 封面设计：墨创文化

科 学 出 版 社 出版
北京东黄城根北街16号
邮政编码：100717
http://www.sciencep.com

成都锦瑞印刷有限责任公司 印刷
科学出版社发行　各地新华书店经销

*

2024 年 2 月第 一 版　　开本：B5（720×1000）
2024 年 2 月第一次印刷　　印张：9
字数：179 000
定价：99.00 元
（如有印装质量问题，我社负责调换）

前　言

　　人际交往是个人与个人、个人与群体之间运用语言和非语言符号交换意见、交换信息、交流思想、表达情感和需要，从而在心理和行为上产生相互影响的动态过程。现实生活中的人，必然要与他人进行各种形式的交往。正如马克思所说："人们在生产中不仅仅影响自然界，而且也互相影响。他们只有以一定的方式共同活动和互相交换其活动，才能进行生产。为了进行生产，人们相互之间便发生一定的联系和关系；只有在这些社会联系和社会关系的范围内，才会有他们对自然界的影响，才会有生产。"良好的人际交往能力是一个人生存和发展的必要条件。大学时期是一个注重交往、建立友谊、渴望被理解的时期，良好的人际关系就如同航行中的风帆，能够确保人生的顺利起航和前进的方向。

　　大学生自踏入校园的那一刻起，就面临着各种新的挑战。不仅需要适应新的环境、新的生活方式，还需要形成新的人际关系圈。相比中学时期，大学生接触到的群体更加复杂，人际交往更加广泛，在人际交往中对个人的独立性要求更强。从埃里克松（E.H.Erikson）的心理社会发展理论来看，大学生正处于"亲密对孤独的冲突"阶段，这一阶段的主要任务是要与他人建立亲密关系，发展爱的能力，避免社会疏离感以及人际交往中的孤独感。人际交往中的顺畅沟通、相互理解，不仅是大学生正常学习、生活的保障，更是大学生自我发展的深层需要。然而，并不是每一个大学生都能够在人际交往过程中获得积极的体验。事实上，人际交往问题正在成为当前大学生最主要的心理问题之一。笔者在大学生心理咨询工作中发现，有相当一部分大学生因为人际关系受挫而逐渐形成了严重的心理障碍，如抑郁、焦虑等。

　　人际交往过程中包含不断变化和发展的系列活动，促进大学生人际交往是培养健全人格的基本途径。本书以依恋理论为基础梳理人际关系的形成过程和机制，针对早年在人际交往中有过受挫经历的大学生以及在人际交往方面存在困难的大学生，通过一系列实验探索他们积极人际关系重建的可能性和方法。

　　本书内容立足于社会现实，着眼于大学生的实际需要，遵循大学生的身心发展规律，将理论与实践相融合，希望能够有助于大学生建构和发展健康的个性品质，增进他们的安全感、归属感、幸福感，从而促成一种团结友爱、朝气蓬勃的人际交往环境。本书内容虽经笔者反复修改打磨，但疏漏之处在所难免，衷心期盼读者批评指正。

目　　录

第四部分　关于大学生人际关系促进的思考

第一部分

人际关系相关理论

第一章 人际关系的产生

心理学家经过长期的研究，发现婴儿与母亲(或其他最早的养育者)之间有着一种特殊的联结方式，并将其命名为"依恋"(attachment)。美国精神病学家卡巴尼斯等(2015)在《心理动力学个案概念化》一书中，将依恋定义为在时空上联结一个人与某一特殊他人的持久深厚的情感纽带。依恋研究的先驱 Bowlby(1969)认为，人类的依恋行为系统是与生俱来的，它使人类在需要的时候去向那个重要的他人(即依恋对象)寻求亲密感。对于婴儿来说，被拥抱、被抚触、被关注、被回应等体验能够为他们带来安全感，使他们能够更有勇气去探索这个世界；若缺少这些行为，他们可能出现各种身体、精神或心理上的问题，如身体发育迟缓、精神发育迟滞、免疫功能下降，甚至死亡。Bowlby 在研究中发现，那些跟自己的父母缺少接触的孩子，通常会有两种主要的表现：要么表现得很冷漠、难以沟通；要么表现得非常黏人。他认为，早期的依恋经历会对一个人的社会功能产生终身影响。而在他之后，又有许多研究者的研究成果证实了他的这一假设。研究者们普遍发现，早期的依恋关系中所包含的内部工作模式往往相当稳定，在人的一生中，这种模式会主导其最重要的关系以及其他人际关系的建立。换句话说，人际关系产生于早期的依恋关系，依恋关系是所有人际关系的"母本"。

第一节 依恋理论概述

一、依恋类型的划分

依恋行为系统存在于各个年龄层次的人身上，它可以在威胁情境中给予个体保护，并减轻他们的痛苦感，在婴幼儿身上可以最直接地观察到这个系统的存在(Bowlby，1988)。Ainsworth 等(Ainsworth and Bell，1970；Ainsworth and Wittig，1969)用"陌生情境法"(strange situation)考察婴儿对其母亲的依恋行为，根据婴儿与母亲分离和重聚时的反应，将母婴依恋划分成四种类型，即安全型(secure)、焦虑-矛盾型(anxious-ambivalent)、焦虑-回避型(anxious-avoidant)和混乱型(disorganized)，这种早期的依恋模式影响着个体的人际关系(Bretherton and Munholland，1999)。除了安全型以外，其余三种均为不安全的依恋类型。

安全型和不安全型依恋的一个区别在于如何调控负性情感。安全型的个体对他人的可获得性充满信心，这使得他们在负性情感出现的时候，将他人作为支持自己和给予自己安慰的源泉，以此来调控负性情感。相反，不安全型的个体总是对他人的可获得性和及时回应性持怀疑态度，这使得他们只有采用其他的应对策略来调控负性情感(Beckes et al.，2010)。然而几种不安全型依恋者调控负性情感的方式也各有不同，那些总是遭到母亲拒绝的婴儿会尽量使自己的负性情绪最小化，以此来回避进一步被拒绝的风险；而对于那些母亲不能经常满足或不能恰当满足自己需要的婴儿而言，他们会使自己的负性情绪最大化，以此来博取母亲的关注(Cassidy，1994)。

继 Ainsworth 等(Ainsworth and Bell，1970；Ainsworth and Wittig，1969)的研究之后，依恋的研究逐渐从婴儿转移到成人身上，研究者在成人的浪漫关系中也发现了类似的行为模式。其中，Hazan 和 Shaver(1987)最早将 Bowlby 的分类法拓展到成人依恋研究中，并将成人依恋风格分为安全型(secure)、焦虑-矛盾型(anxious-ambivalent)和回避型(avoidant)三种，但是这种分类法现在已经很少使用，因为它存在一些不足之处，比如它无法区别属于同一种类型的个体之间具体有什么差别(Mikulincer and Shaver，2003)，并且它的统计效力也是有限的(Fraley and Shaver，2000)。Brennan 等(1998)提倡用维度法来考察依恋类型，他们通过焦虑和回避两个维度的结合来评估个体的依恋状况。焦虑和回避的程度是从低到高的一个连续，而每一个个体都有自己的焦虑程度和回避程度，将个体特定的焦虑程度和回避程度结合起来就是这个个体的依恋程度。Bartholomew 和 Horowitz(1991)将焦虑和回避两个维度在极端情况下进行组合，得到了四种依恋类型，分别是安全型(secure)、专注型(preoccupied)、回避型(dismissing)和恐惧型(fearful)。具体而言，安全型(secure)在焦虑程度和回避程度上都是最低值，专注型(preoccupied)是以高焦虑和低回避为特征的，回避型(dismissing)是高回避低焦虑的，而恐惧型(fearful)是高焦虑和高回避的结合。这四种依恋类型调和了类型法和维度法的矛盾，可以说，专注型(preoccupied)是由焦虑-矛盾型(anxious-ambivalent)演化而来的，而回避型(dismissing)和恐惧型(fearful)突破了单纯的回避型(avoidant)这一笼统的概念。虽然都是以高回避为特征的，但恐惧型(fearful)"渴望情感上的亲密关系，但是发现自己难以完全信任他人，担心和他人太亲密自己会受到伤害"，而回避型(dismissing)有一种超脱的风格，是"独立的和自给自足的"(Bartholomew and Horowitz，1991；Gillath et al.，2006)。

不管是以哪种方式来划分依恋类型，焦虑和回避是与依恋有关的两种情感，而这两者几乎在所有方面都是相对立的(Bartholomew and Horowitz，1991)。以依恋焦虑为主要特点的个体倾向于认为他人是不回应或变化无常的，由于担心遭到拒绝而更加猛烈地向他人寻求亲密感；以依恋回避为主要特点的个体倾向于同他人保持一定距离，声称自己对亲密关系没有需求，并且对他人的情感信号表现出不信任。而没有明显的依恋焦虑和回避的个体对自我和他人都有着更加积极的认知，能够有效地接受他人的帮助，并且也能够有效地给予他人帮助(李彩娜等，2013)。

二、依恋类型的测量

在过去的三十多年里，研究者们对成人依恋类型的测量工具的开发一直没有间断过，对成人依恋类型的评估主要是通过访谈法或者自陈式量表和问卷的方式进行，先后有几十种测量工具得到了不同程度的使用(Ravitz et al.，2010)，现就目前使用频率较高的几种测量工具进行简要阐述。

成人依恋访谈(adult attachment interview，AAI)。成人依恋访谈(AAI)是一种半结构式访谈，它在考察成人依恋心理表征的同时对个体的童年经历进行了考察。在 AAI 中，"父母行为"分量表对受测者与其父母双方关系的描述进行编码，此分量表包含关爱、拒绝、忽视、卷入或施压等几方面内容；"心理状态"分量表通过受测者描述内容的前后一致性从多个方面进行评估和编码，即理想化、回忆缺失、主动的愤怒、对父母或依恋关系的贬损、对丧失的恐惧、元认知监控、言语的被动性；此外，对于整体描述的连贯性也进行了编码。

AAI 将依恋类型划分为安全/自主型、回避型、专注型、未分类四种类型。其中，安全型/自主型能够较好地评价早期的依恋关系；回避型否认或低估早期依恋关系的影响，常将依恋关系理想化，对特殊事件的回忆存在困难；专注型倾向于夸大依恋的重要性，对过去经历的理解存在困难，在描述中存在前后的不一致性；未分类型可能曾有与依恋有关的明显创伤经历，无法有效整合创伤和现实。

成人依恋量表(adult attachment scale，AAS)。成人依恋量表(AAS)(Collins and Read，1990)包含三个分量表，即亲近、依赖和焦虑，分别测查个体对情感亲密性感到舒适的程度、对依赖和信任他人感到舒适的程度以及对被抛弃或缺爱感到焦虑的程度，前两个分量表与回避维度相关，后一个分量表与焦虑维度相关，受测者需要基于他们对于亲密关系的总体倾向进行作答。AAS 的重测信度在四年后达到了 0.70 以上(Ravitz et al.，2010)。AAS 主要是通过测量依恋的维度，然后把维度转化成依恋类型。

关系问卷(relationship questionnaire，RQ)。对依恋的四类型两维度模型的测量用到的就是关系问卷(Bartholomew and Horowitz，1991)。RQ 共包含四条描述，每条描述分别涉及四种依恋类型中的一种，对于每一条描述都要求受测者进行　7

点量表评分。最后从四种类型中挑选出最符合自己的一种作为自己的依恋类型。安全依恋的特征是对亲近关系感到容易，对他人感到信任；回避型描述的是对无亲密关系的舒适感以及独立性和自给自足；专注型描述的是希望与他人之间拥有完全的情感亲密性，以及对他人不能满足自己亲密需要的担心；恐惧型描述的是希望拥有亲密感但同时难以信任和依赖他人。通过 RQ 还可以获得自我模型和他人模型的信息，自我模型的计算方法是用两个正性自我模型的依恋类型得分减去两个负性自我模型的依恋类型得分，即：自我模型＝(安全型+回避型)-(专注型+恐惧型)。他人模型的计算方法是用两个正性他人模型的依恋类型得分减去两个负性他人模型的依恋类型得分，即：他人模型＝(安全型+专注型)-(回避型+恐惧型)。安全型拥有积极的自我模型和积极的他人模型；回避型拥有积极的自我模型和消极的他人模型；专注型拥有消极的自我模型和积极的他人模型；恐惧型拥有消极的自我模型和消极的他人模型(Ravitz et al.，2010)。

亲密关系经历量表(experiences in close relationships inventory，ECR)。亲密关系经历量表(ECR)(Brennan et al.，1998)共包含 36 个题目，包含依恋焦虑和依恋回避两个维度各 18 个题项，受测者对每一题进行 7 点量表评分(从"1=完全不同意"到"7=完全同意")。通过在两个维度上不同程度的组合，可以得到四种依恋类型，即安全型、回避型、专注型和恐惧型。中文版 ECR 由李同归和加藤和生(2006)共同编制，其内部一致性信度良好，焦虑分量表和回避分量表的 Cronbach's α 系数分别为 0.77 和 0.82。两个分量表的重测信度也可接受，焦虑分量表为 0.71，回避分量表为 0.72。此外，此量表还拥有较好的构想效度和效标效度。ECR 被广泛地用于测量成人浪漫依恋关系，同时也可用于考察依恋与社会评价、负性情感以及精神病理性症状之间的关系(Ravitz et al.，2010)。

三、依恋的内部工作模型

依恋的内部工作模型(internal working model，IWM)是婴儿期个体在与照料者(依恋对象)互动的过程中逐渐形成和建立起来的对他人和自我的一种心理表征(Bowlby，1979；王争艳等，2005)，它是理解依恋关系的基础(王争艳等，2005)。依恋的内部工作模型包含两方面的内容：一方面是当面临需求时对他人(即依恋对象)的敏感性、可获得性和及时性的看法；另一方面是对于自己是否值得被关爱、被照顾的看法(林青等，2014)。如果依恋对象总是能够敏感地觉察到自己的亲密感需求，并且及时为自己提供相应的回应，个体就有可能逐步发展出他人是可信的、可依靠的，自己是有被爱护的价值的这样一种内部工作模型(安全依恋的内部工作模型)。如果依恋对象总是对自己的亲密感需求敏感性低、忽视或拒绝，个体就可能会发展出他人是无反应、不可信的，自己是不值得被关爱的这样一种内部工作模型(不安全依恋的内部工作模型)(Bowlby，1979)。

内部工作模型是个体对早期依恋经验的一种内部表征，反映出个体对依恋关系的一种期望和信念，它主导着依恋关系的形成和发展(Bretherton and Munholland，1999)。依恋的内部工作模型中包含了个体对自我和他人的认知两方面内容，个体根据自身在依恋经历中的认知和情感体验，形成了内部工作模型的两个核心概念——自我模型和他人模型。一方面，个体早期的依恋对象是否能够提供前后一致的、敏感及时的应答、帮助和支持，影响着个体对于依恋对象是否可靠和值得信任的感知，从而影响他人模型的建立；另一方面，自己是否有价值去影响和赢得依恋对象的关注从而获得关爱、支持和帮助，影响着个体自我模型的建立(顾思梦，2014)。研究者认为，安全型通常拥有积极的自我模型和积极的他人模型，回避型通常拥有积极的自我模型和消极的他人模型，专注型拥有消极的自我模型和积极的他人模型，恐惧型拥有消极的自我模型和消极的他人模型(Ravitz et al.，2010)。

随着个体的成长，内部工作模型对个体的影响会从最初的依恋关系泛化到其他的人际交往关系中，成为一种有关一般他人和自我之间的内部工作模型，从而影响个体在人际关系中的认知、情绪体验以及行为(顾思梦，2014)。研究者认为，一方面，由于个体生活环境的相对稳定，内部工作模型又具有一定的稳定性，对个体在应对压力时的反应规则起到指导作用(顾思梦，2014)；另一方面，内部工作模型可能会受到新经验的影响，新的依恋经验可能会改变个体过去对于依恋关系的认知或评价，从而使得内部工作模型发生改变，从这个意义上来说，内部工作模型具有被更新的潜能，个体对环境中的支持性、他人的关爱和可得性进行探索会激活安全依恋的内部工作模型(李彩娜等，2013)。

第二节　依恋与人际关系的产生

一、不安全依恋关系的产生

Bowlby(1969)指出，人类的依恋行为系统驱使他们向亲密的他人寻求亲密感，尤其是在面临威胁和困境的情况下，这种行为倾向会更明显。个体之所以会表现出在亲密感寻求倾向上的差异，是因为他们与依恋对象的互动方式影响和决定了他们的依恋系统是以最优的方式运作(个体认为世界是安全的，当自己需要时他人是能够为自己提供帮助的)还是由于依恋安全性遭到破坏导致他们不得不使用次级依恋策略(Mikulincer and Shaver，2007)。

在早期经历中，总是成功地寻找并接收到一个或多个主要依恋对象的支持，就会促成初级依恋策略的使用，导致个体形成安全的依恋关系；而"不合格"的依恋对象所给予的回应(如拒绝、抛弃、虐待或对痛苦无法预知的回应方式等)导致个体形成了不安全的依恋关系，即焦虑或回避，或者两者兼有(Ainsworth et al.，1978)。依恋对象不恰当的回应方式使得个体对于与依恋有关的自我调节能力受到损害，例如，在家庭内的创伤经历会导致儿童为了适应家庭关系而采取相应行为(例如做出一些能够避免自身痛苦的行为)，并且他们的行为会同他们与依恋对象的相处模式保持一致。虽然这种适应性的行为对于他们在创伤背景下生存是有必要的，但实际上他们的依恋内部工作模式会影响到随后他们在社会关系中同他人进行交往的方式(Bowlby，1988)。在新关系和新环境背景下，对这种防御性策略的使用会被认为是适应不良的表现，并且对新的人际关系造成威胁(Daniel，2006)。

在次级依恋策略的使用中，有的个体对亲密感有着过于强烈的需求，他们使用的是一种过度激活策略(hyperactivating strategy)，在寻求帮助而不可获得的情况下，他们会通过依附和占有性的行为以更多地引起依恋对象的关注，通常这类个体的依恋焦虑水平较高且占主导作用；另外，有一些个体使用的是去激活策略(deactivating strategy)，这类个体通常会尝试着关闭他们的依恋系统，这就会导致他们对亲密感的回避，这类个体的依恋回避水平占主导作用。至于不安全依恋关系中焦虑或者回避哪一个占据主导作用，在于个体如何选择应对方式。如果是以想要重新获得依恋对象的关注和支持为目的，那么他们就会试图通过纠缠、控制的行为来吸引对方的注意力，这就会导致依恋焦虑的形成；如果是以避免伤害为目的，那么寻求亲密感对于他们来说就是非常危险和不合适的，因此他们选择不去寻求帮助，而是倾向于独自处理面临的威胁(Berant et al.，2005)，这就逐渐形成了依恋回避。

二、安全依恋关系的激活

(一)安全基地图式的激活

认知科学家(Nelson，1986；Schank，1999)认为，个体在自己的不断经历中，会对过去的相似经历进行归纳总结(如它们的特征、前因后果、解决的方法等)，以此获得关于某类事件是如何典型地得以展开的这样一种图式。对于依恋这一主题而言，个体对早期经验中来自依恋对象的关爱和安全支持的记忆是以安全基地图式(secure base script)的形式存在的(Steele et al.，2014；Waters and Waters，2006)。根据依恋理论(Bowlby，1969)，可靠和有效的安全基地支持是个体对依恋对象持续可得并且有足够能力在困难出现时让正在进行的活动恢复平衡的一种期待(Waters et al.，2015)。据此，Waters 和 Waters(2006)认为安全基地图式包含以下过程：(a)个体在进行某项建设性的活动；(b)一项挑战出现并导致个体产生痛苦感；(c)个体发出求助信号；(d)依恋对象获知到这个信号并作出相应的回应；(e)依恋对象提供的帮助被个体接收；(f)依恋对象提供的帮助有效解决了个体面临的挑战；(g)个体继续之前的活动或者开始一项新活动。更通俗地说，安全基地图式包含了一个命题："如果我遇到某种障碍并产生了痛苦感，那么我向一个重要的他人求助，他可能是可获得并能提供支持的，对这个人亲近会让我感到放松和舒适，随后我就可以继续从事其他的活动"(Ein-Dor et al.，2011)。安全基地图式的激活可以减轻痛苦感，提升快乐感和希望，并且帮助安全依恋者较好地应对困境(Mikulincer et al.，2009；Waters and Waters，2006)。

在上述安全基地图式形成的整个过程中，最主要的三个部分是：第一，面临威胁，向依恋对象寻求帮助；第二，依恋对象是可获得的并能够提供有效应答和帮助；第三，威胁解除，个体感到安全、舒适并产生亲密感。这三个部分彼此之间是一种循环反馈的关系(李彩娜等，2013)，其中第一部分与安全基地的使用相关，反映出个体在威胁下寻求帮助的能力；第二部分与安全基地支持相联系，反映出的是依恋对象提供支持的能力；前两个部分共同作用于第三部分，即安全基地的使用和安全基地支持是否有效共同决定了个体能否从威胁中解脱出来并获得依恋安全感。反过来，第三部分也会影响前两个部分中个体对于依恋对象可靠性和求助有效性的评价。如果依恋对象能够持续、一致地在个体面临威胁时提供有效支持和应答，那么安全基地图式则会得到巩固；如果依恋对象的应答存在不一致、缺乏或无效，则安全基地图式会由于组织混乱、通达性较差而难以形成(Mikulincer et al.，2009)。

(二)安全依恋的概念及运作机制

安全依恋产生于婴幼儿期，个体根据照料者(依恋对象)一贯的积极回应，相信依恋对象总是会在自己面临威胁的时候可提供支持(Bowlby，1969，1988)。换句话说，依恋对象能够持续、敏感、恰当地回应因面临威胁性情境而产生痛苦感的个体，会促成安全依恋的产生。绝大多数的依恋关系最初都产生于家庭中，早期的照料和关怀的质量是发展出安全的母婴依恋关系的核心(Ainsworth et al.，1978；Bowlby，1969)。在依恋理论中，安全依恋的概念强调的是依恋关系中依恋对象的可获得性、敏感性、高度回应以及关爱，处在这样一种依恋关系中的个体更有可能发展成安全依恋者，而依恋关系中若依恋对象缺乏上述行为特征，则个体更有可能发展成为不安全型依恋者(Dinero et al.，2011)。

在婴儿期，安全的母婴依恋关系被认为是个体对未来亲密关系期待和信任的基础。更具体地说，与照料者(依恋对象)之间拥有安全依恋关系的婴儿在其成年后更有可能发展出对于依恋和依恋关系的安全心理表征(Raby et al.，2015)。安全依恋者对自我和他人都持有积极的观念，对探索外部世界有着更强的好奇心和兴趣，有更大的认知开放性，在处理信息时更加灵活，有更高的关系承诺和关系满意度(Bartholomew and Horowitz，1991；Collins and Read，1990)。

安全依恋以安全基地图式的激活和安全的内部工作模式的启动为运作机制(李彩娜等，2013)。前文中已经提到，安全的内部工作模式的形成需要依恋对象总是能够适时地为个体提供相应的支持和作出回应，只有通过这样一种过程，个体才能逐渐建立起对他人的信任，并产生自己是值得被关爱的这样一种信念(Bowlby，1979)。而安全基地图式是依恋内部工作模型的基本构成要素，个体与依恋对象之间交往的信息是以安全基地图式的形式存在于依恋内部工作模型当中，并且对个体加工信息以及日常行为管理产生全面影响(李彩娜等，2013)。

(三)安全依恋启动

在 Bowlby(1973)的依恋理论中，一个基本的理念就是，在面临威胁时与一个可获得的支持性他人进行互动可以促进个体产生对于安全依恋情感的感知，Sroufe 和 Waters(1977)将其称为"依恋安全感"。虽然依恋安全感产生于个体早期与主要依恋对象之间的互动关系中，但 Bowlby(1988)认为，在人的一生中，与重要他人之间的每一次有意义的互动都会影响个体对于他人可得性和支持性的感知和信念。此外，虽然有研究者认为个体的依恋安全感是一种长期的状态(Collins and Read，1990)，但事实上这种依恋安全感也会受到具体经历的影响，比如，那些对依恋安全感的可得性持怀疑态度的个体(不安全依恋者)，如果在特定情境下通过真实或想象能够获得他人的支持，他们的依恋安全感也能够得到激活(Baldwin et al.，1996)。也就是说，高依恋焦虑和高依恋回避者在特定情境下同样可以获得依恋安全感。

不断有研究证实，安全依恋启动是令个体获得依恋安全感的有效办法。研究发现，通过临时启动一个可以提升安全感的安全依恋表征，可以达到暂时舒缓情绪的作用(Mikulincer et al.，2006)。研究者通过阈上或阈下向被试呈现安全依恋词汇(如关爱、拥抱、柔情、支持等)、安全依恋情感图片以及让被试回忆或者想象自己受到关爱和支持的经历等方法(郭薇等，2011)，都实现了安全依恋启动(李彩娜等，2013)。

安全依恋启动已被证实可以改善个体的情绪，提高个体积极的自我概念，弱化不安全依恋者的防御策略的使用，并促进其使用更安全的策略(郭薇等，2011)。

对于行为的改变而言，安全依恋启动被证实能够增强不安全依恋者的真诚行为（Gabriel at al.，2010），促进个体更多地进行对外的探索，以及促进个体对陌生人的信任行为（Huang and Murnighan，2010）；由于安全依恋启动能够令个体表现出对他人更多的同理心，因而有助于促进个体产生利他行为（Mikulincer et al.，2001）；此外，安全依恋启动还有助于提高个体对亲密关系的积极信念和行为，从而使人际关系更加有益、和谐（Gillath et al.，2008）。

有研究者通过在不同时点反复激活安全依恋表征的方式，发现安全依恋启动的效果会维持一段时间，例如一项研究发现被试在为期两周的实验结束后，产生了对他人的行为更加积极的期待，以及对自我更积极的看法（Carnelley and Rowe，2007）。

研究者发现，虽然拥有安全基地反映出的是个体在过去的依恋经历中与依恋对象有效互动的体验，并且这种经历对于个体对他人的可获得性和支持性的期待会产生影响，然而事实上，即使个体在过去经历中依恋对象没有起到安全基地的作用，但如果依恋对象以外的他人在特定情境下是具有支持性并能有效提供帮助的，那么个体也能够发展出与该人物之间的依恋安全感（Collins and Read，1990）。有研究者遵循安全基地图式的产生过程，用安全基地图式激活的方式对被试进行安全依恋启动，具体而言，他们让被试回忆（Mikulincer et al.，2003）或想象（Mikulincer and Shaver，2001）自己遇到困境但无法自己解决的场景，这时出现一个人出于对自己的关爱而帮助自己脱离了这种困境，或者是让被试观看他人在困境中获得别人帮助和安慰的图片（Mikulincer et al.，2003）；接着在安全基地图式激活后，对被试的态度、行为表现等进行考察。这些研究发现，用安全基地图式激活的方式进行安全依恋启动，有助于促进个体拥有更积极的价值观，以及更多地为他人的利益考虑（Mikulincer et al.，2003）；这种启动方式还有助于消除个体对于外族成员的敌对态度和消极行为，并且它对任何依恋类型者都适用，而且这种启动效应独立于个体的情绪而发生作用（Mikulincer and Shaver，2001）；此外，用安全基地图式激活的方式进行安全依恋启动还有助于促进人际信任水平的提升，并且这种对于人际信任的积极效应是独立于积极情绪的作用的（李彩娜等，2016）。

第二章　大学生人际关系的发展

第一节　人际关系的影响因素

一、情绪面孔对人际关系的影响

个体似乎天生就具有对情绪面孔进行解码的能力(Suslow et al.，2009)。在社会交往中，情绪面孔是情绪性信息中最为常见和最为重要的，因为它同时具备了情绪性和社会性两方面特点。个体通过运用各种各样的情绪面孔所赋予的信息，才能在社会交往中理解他人的意图，从而不断调节自己的言行，避免冲突(Salovey and Mayer，1990)。然而，在人际交往的时候，对他人的面孔情绪信息进行提取时存在着个体的差异，有研究已经证明，个体对来自外界的情绪性信息的注意和编码会受到其依恋风格的影响(Tucker and Anders，1999)。比如，对于某人脸上一闪而过的愤怒表情，有的人可能根本没有注意到，而有的人可能不仅注意到了，还会对此感到厌恶，很显然，对于后者，接下来他们可能就会在行动上对这种愤怒表情做出一些反应(Niedenthal et al.，2002)。因此，个体在人际交往中的行为得以产生差别，而行为本身又会反过来影响人际关系。

有研究者认为，在面临威胁时，个体是否能够通过寻找支持而获得理想中的安全感，很大程度上取决于个体对依恋对象是否能够获得感知(Dewitte and De Houwer，2008)。依恋对象的应答性(responsiveness)能够塑造个体的交往目标、对于关系的认知，以及人际交往中的行为等(Impett and Gordon，2010)。他人的可获得性和积极有效的应答能够促使个体产生较高的自尊，使个体感受到自身的价值，认为别人是值得信赖的，并且是可以在困境中为自己提供支持的，这就使得个体能够较好地适应与他人的社会交往(钟歆等，2014)。在安全依恋者早期的依恋经历里，当他们发出依恋需求的信号时，依恋对象总是积极、及时、有效地对其进行回应，久而久之，依恋对象那张积极的、应答性的面孔便会印刻在他们的记忆里，每当类似的情境出现，他们就会感到温暖、安全。正是这样的经历使他们发展出了积极的他人模型，认为他人值得信任，从而促使他们能够有效地去寻求他人的支持，接着他们又从他人的支持中获得更强的自信、更高的自尊以及喜悦感和归属感等，并用这种积极的情感代替消极的情感，从而使整体的主观幸福感维持在较高的水平；另外，依恋对象的应答使安全依恋者发展出积极的自我模型，认为自己是值得被关注、值得被爱的，而积极的自我模型同样能够导致较高的自尊水平，这便有利于安全依恋者在随后的人际交往中有效利用社会支持，建立较为完善的人际关系网络（李同归等，2006）。

由此可见，早期依恋对象应答性的积极情绪面孔促使安全依恋者对社交中他人积极情绪面孔进行有效寻找和有效利用，而这又进一步促进了他们安全依恋关系的形成。值得一提的是，安全的依恋关系使得安全依恋者对外界的探索会更加丰富，这也增加了他们体验负性情感的概率，但他们并不会因此而产生更多的负性情绪，反而由于积极的认知模式而消解了负性情感对他们的消极影响（王力等，2007）。

由此可见，对安全依恋者而言，来自他人的积极情绪面孔意味着对自己的需要的肯定和关注，这对于他们在社会交往中发展出良好的人际关系会产生积极的影响。而对于不安全依恋者而言，有研究发现，依恋回避程度越高的人，越难感知到他人的支持和应答，这是依恋回避者的内部工作模型中对他人持有消极认知所导致的，依恋回避者认为他人不可信任、不可靠，这种消极的认知使得他们对他人的求助表现出较少的应答，在亲密关系中，这将影响他人为自己所提供的支持行为，从而又影响到自己对对方支持和应答情绪的感知（张姝玥等，2010）。但在新关系建立过程中，这种不良的交往模式有可能会发生改变，有研究者认为，个体与父母之间的不安全依恋，可能会在新关系建立过程中得到补偿，那些过去与父母之间存在不安全依恋关系的个体，更倾向于认为自己在新关系中建立起的情感联结是安全的（Nickerson and Nagle，2005），他们会通过与新同伴之间有益的互动来满足自身的依恋需求。另有研究者认为，对于不安全依恋者而言，即使他们没有针对依恋对象的安全基地感，他们仍然可以在随后的人际交往过程中针对具体的交往对象而发展出依恋安全感（杨玲，2015），只要他们感知到交往对象是可获得的、支持性的和应答性的（Dewitte and De Houwer，2008）。由此可见，来自他人的应答性情绪面孔作为依恋安全感产生和安全依恋系统运作中一个必需的条件，对于不安全依恋者在社会交往中发展出新的安全的依恋关系可能会具有积极作用。

二、情感体验对人际关系的影响

Ainsworth（1989）描述了依恋四个方面的行为特征，以将其区别于其他的社会关系。这四个特征包括：亲密感寻求（proximity seeking），即个体试图寻求和保持与依恋对象的亲近；安全基地行为（secure base behavior），即个体将依恋对象作为一个可靠的安全基地来探索世界；避风港行为（safe haven behavior），即个体在感到威胁时，转向依恋对象以获得舒适和安心；分离痛苦（separation distress），即当与依恋对象的分离不是出于自愿时，个体会抗拒这种分离，并会感到痛苦。这些特征和过程都包含了依恋关系中的情感体验。从依恋关系出发，在人际交往中，要和他人建立联结，也会存在对亲密感的寻求，而在这个过程中，不同的人会获得不同的情感体验。在人际关系中，亲密感的正常表现是：能与他人建立有深度的长期关系；想要并且有能力与人亲近；在人际交往行为中具备相互关心的能力（张文娟等，2018）。

依恋在亲密的人际关系形成过程中起着非常重要的作用，这是许多研究已经证实过的。Blatt 和 Levy（2003）提出了依恋的两极观，即依恋与分离。其中，依恋的需求驱动个体与他人形成人际联结，而分离将个体拉回自我内部，去审视自我概念的相关内容。一个心理健康的个体，应该是要在这二者的交互中达到一个动态的平衡，即既有安全舒适的人际联结，又具有积极的自我概念，如果过度发展某一方面而弱化或者牺牲了另一个方面的正常发展，那么就会出现各种问题（张文娟等，2018）。依恋焦虑者通常过于投入到人际联结的发展需求中，由于过分追求依恋的亲密感和人际的联结，而在自我发展方面非常不足，因此他们往往很难忍受独处；依恋回避者与之相反，他们过于关注维护和发展自我概念、追求自尊和自我价值感，而否定人际联结的需求，他们宁愿舍弃温暖、充满信任的人际联结，从而获得分离和独立。安全依恋者能够较好地整合人际联结和自我概念这两条发展路径，能够在依恋和分离之间找到平衡，能够同时具备建立情感联结及容忍和享受分离的能力，因而能够获得成熟、健康的人际关系，以及积极的自我认知（张文娟等，2018）。

从人际关系中的情感交流和自我表露的角度来看，依恋焦虑者和依恋回避者都缺乏对他人的积极回应以及情感支持（Collins and Feeney，2000）。依恋回避者的人际交往的目标是要维持一个能让他们感到安全的情感距离，将人际依赖程度降到最低，因此他们对于温暖的、情感体验丰富的人际交流会感到不适。同时，依恋回避者常常不愿意在人际交往中进行自我表露，表现为一种"强制性封闭"的状态，这就使得他们对于人际交往中的亲密信号的识别力较低，从而对亲密关系的满意度体验较差（Schachner et al.，2005）。依恋焦虑者在自我表露上是有较明显意愿的，然而他们的自我表露常常以自我为中心，其目的是向他人索取关心以及缓解被抛弃的焦虑，因此也难以体验到真正的主观幸福感，人际关系的满意度和质量也都较低（Mikulincer and Nachshon，1991）。

依恋类型会影响个体的人际行为表现，在人际关系中，通常会表现为对亲密感体验的趋近或回避。通常来说，亲社会行为可以在一定程度上反映出个体对于人际亲密感的趋近。研究发现，安全依恋者的亲社会行为比较稳定，不容易受到外部信息的干扰；高依恋焦虑者的亲社会行为会更有选择性，他们会更愿意选择那些比较容易与自己建立起特殊联结的人去实施亲社会行为，因为这会给他们带来自我满足感；而高依恋回避者在大多数情境下都会表现出较低水平的亲社会行为，这可能与他们害怕与人亲密有关(Tsilika et al.，2015)。然而有研究者发现，在实验条件下，如果降低亲社会行为和亲密感之间的联结，也就是说，如果亲社会行为不会使个体与他人之间的关系变得更亲密的话，那么依恋回避者会更愿意表现出亲社会行为，其亲社会行为的意愿与回避程度较低的个体是相当的(Richman et al.，2015)。

第二节　大学生人际关系的特征与表现

一、大学生同伴关系的特征与表现

从青少年时期到成年早期，是友谊和依恋行为发生急速变化的发展期(Ma and Huebner，2008)，在这个阶段，个体的人际关系呈现出多样化的形式。虽然个体最初建立的依恋关系是对父母的依恋，但随后在其生命的其他时刻，个体还可以与家庭以外的他人建立起持久的人际联结(Gorrese and Ruggieri，2012)，其中就包括和同伴之间的关系。从青少年时期开始，同伴对个体的影响逐渐突显，并在个体的认知、情感、人格、行为的健康发展以及社会适应中发挥重要的作用(雷雳和伍亚娜，2009)。在青少年时期，对个体而言，同伴可以有很多作用，包括可以带来亲密感、安全感和信任感，提供工具性协助，以及帮助个体习得行为准则；而到了大学时期，个体与同伴之间的互动关系在继续发展的同时，也逐渐开始显露出成年期各项成熟的功能，比如成为亲密感的主要来源、为社会行为提供反馈、成为社会信息的来源、为形成终生的依恋和伴侣关系作准备(Allen，2008)。

同伴关系的亲密程度可通过同伴依恋的状况来进行判断。在对父母的依恋中，个体单方面从依恋对象那里获得亲密感和支持；而在同伴依恋中，个体要同时接收和提供亲密感和支持。大学生的同伴关系具有重要的社会和情感意义，不同的同伴依恋关系会使得个体的社会适应能力和情绪调节能力在今后的生活中向着不同的轨迹发展(Gorrese and Ruggieri，2012)。拥有良好的同伴依恋关系，能够流畅地表达与依恋相关的经历和情感，在与同伴交往时能够更加准确地处理与同伴之间的相似经历和情感，这有助于降低大学生产生孤独感的风险，并且对个体的社会性和人格的发展具有积极影响；相反，不良的同伴依恋关系会导致个体防御性地拒绝或不能够整合与依恋经历有关的各种信息，拥有不安全同伴依恋关系的大学生，在与同伴交往时容易出现沟通不畅的问题，而这不仅与孤独感的产生有关，而且还可能导致对他人抱有消极期待，并导致自身社会功能受损（Allen，2008）。Feeney 等（1993）就发现，对于青少年而言，回避型个体在与同伴交往的过程中互动较少、交谈较少，并且朋友圈子较窄；而焦虑/矛盾型个体与安全型个体相比，与陌生同伴产生互动的情况会更少。

大学时期是青少年和成年之间的过渡阶段，在这个时期，伴随着同伴关系的发展，个体也正在进行着各种社会情境中的实践活动，许多研究已经证实，同伴依恋影响着大学生的社会性发展。琚晓燕等（2011）的研究表明，同伴依恋对人际适应性影响最大，与同伴的亲密情感联结不仅可以直接影响个体的适应能力，还可以通过影响自尊水平从而影响个体的适应能力。这一点不难理解，因为依恋对象的可获得性能够促使个体产生较高的自尊，使个体感受到自身的价值，认为别人是值得信赖的，并且是可以在困境中为自己提供支持的，这就使得个体能够较好地适应与他人的社会交往。

二、大学生爱情关系的特征与表现

有研究（Mayseless and Scharf，2007）对 80 名男性大学生的依恋类型进行了测量，并在四年后对他们在爱情关系和同伴关系中的亲密感进行了考察，结果发现，回避型个体在处理爱情关系和同伴关系中的情感联系时，其能力较弱，而安全型的个体相应的能力较强。另有研究者发现，在爱情关系中，安全依恋者对伴侣的需求更加敏感，他们认为自己更有可能在伴侣感到焦虑的时候为其提供情绪支持（Feeney and Hohaus，2001）。由此可见，一个人的依恋类型对他在爱情关系中的体验、行为以及他的爱情关系质量都会产生直接的影响。安全依恋者在爱情关系的稳定性和满意度上得分都比较高，在关系亲密度和承诺上得分也较高。有研究发现，在爱情关系中，安全依恋者会感到自己的关系是平衡和协调的，而不安全依恋者在爱情交换中，不管是付出还是索取，都比安全依恋者更多（黎坚和李一茗，2012）。

在不安全依恋者当中，依恋回避者通常会采用抑制激活策略来应对爱情关系，他们会否定自己有依恋的需求，避免与伴侣亲密和亲近（Shaver and Mikulincer，2006）。Morey 等（2013）的一项研究发现，依恋回避者在与伴侣的交流中，很少使用电话，他们更喜欢使用电子邮件，这可能是因为邮件的方式避免了电话那种更直接的、亲近的交流，因而让依恋回避者感到更自在。研究发现，依恋回避的大学生在爱情关系中，对于关系满意度以及对关系的期待都比较低（Juhl et al.，2012）。虽然依恋回避者不愿接受一个有承诺的关系，但在他们内心深处，却有与对方发展亲密关系的愿望。他们从从不约会，到偶尔约会，再到形成有承诺的关系，需要伴侣的支持，也需要逐渐增加自己信心(Schindler et al.，2010)。

在不安全依恋者当中，依恋焦虑者通常会采用过度激活策略来应对爱情关系，这种策略的特点是强烈地依附对方并控制对方的反应，通过认知和行为上的努力，不仅要去建立身体上的交流，而且想要寻求在心理上、整体感受上和对方融为一体的那种感觉。由于这种策略往往伴随着对伴侣的怀疑和绝望，虽然能够保持依恋系统的慢性激活，但这种方法助长了控制行为，强迫对方接受给予，被拒绝后又增加了焦虑与绝望，焦虑导致个体对分离、背叛这类负性情感事件保持高度的警惕，因此会进一步强化爱情关系中的失望和冲突，使得关系质量下降(Mikulincer and Shaver，2003)。有研究表明，依恋焦虑者在爱情关系中对伴侣的行为表现出更多的嫉妒和监督，他们总认为自己的投入比对方要多，爱情关系在他们看来，总达不到一个平衡和平等的状态，他们很容易在爱情关系中感到无能和无助(Marshall et al.，2013)。Morey 等(2013)发现，依恋焦虑者在与伴侣的交流中，会更依赖于社交网络，而不是和伴侣面对面直接交流。

此外，依恋类型对大学生未来的爱情关系还具有预测作用，其中，不安全依恋型大学生的爱情关系会呈现出不良的发展趋势。Hadden 等(2014)研究发现，随着时间的流逝，拥有不安全依恋关系的大学生在成年后关系满意度会逐渐降低，后来的研究者称之为"短暂的成人依恋模型"。Tarabulsy 等(2012)通过对 167 名大学生进行成人依恋访谈发现，依恋关系会预示其今后的亲密关系质量。在访谈中，不安全型依恋的大学生在爱情关系的亲密程度、激情和承诺三个维度的得分都比较低，而且成年以后独身的较多，恋爱的时间相对较短；而安全型依恋的大学生在亲密程度、激情和承诺三个维度上的得分都较高，恋爱时间相对较长。Adamczyk 和 Bookwala(2013)的研究发现，对被拒绝的恐惧和担心是不安全型依恋者在适婚年龄保持单身状态最重要的原因，而且在这一点上不存在性别差异。

第三节　大学生人际关系促进的研究路径

对于大学生群体而言，目前人际关系问题已经成为导致心理问题最主要的因素之一，人际关系的好坏直接影响大学生的生活质量以及心理健康水平。不良的人际关系是造成大学生一系列心理问题(如抑郁、焦虑、自杀倾向等)的原因之一，大学生良好人际关系的建立和不良人际关系的改善对他们整体心理健康水平的提升是具有价值的。大学阶段是一个全新的时期，在这个时期个体会重新建立起一套新的人际关系网络，早期的依恋经历会对其新的亲密关系的建立产生影响，而新关系的建立可能又会重新塑造个体对于关系的认知。在这个人际关系形成和塑造的关键期，人与人之间安全的依恋关系对于发展自我价值感、弥补由过去不良依恋关系所造成的消极影响是有帮助的。

为了更好地对人群进行聚焦，以及使研究更加具有针对性，本书所选取的研究对象均为依恋回避的大学生。通过一系列研究实验，探讨在新关系建立过程中这些不安全依恋(即人际关系存在一定问题)的大学生，其亲密的人际关系的形成条件和相应的干预促进方案，旨在帮助这类大学生获得更加积极的自我和他人认知，提升其整体的人际关系质量以及心理健康水平。具体来看，参照以往研究中对依恋回避者的筛选方法(李彩娜等，2014)，选取高、低依恋回避的大学生(分别以低焦虑高回避和低焦虑低回避为特征)作为研究对象，考察对依恋回避者进行安全基地图式重构使其获得安全依恋关系的可能性、安全基地图式重构的方法及条件，以及重构所涉及的效应及表现；接着探讨如何有效地对依恋回避者安全依恋关系的形成进行干预。

本书分为四个部分，共七个章节。

第一部分包括第一章、第二章。第一章主要探讨人际关系的产生，以依恋理论为依托，从个体在成长早期与照料者之间的互动模式出发，梳理安全依恋和不安全依恋的形成原因，从而获得关于积极人际关系和消极人际关系产生的原因。第二章对大学生人际关系的发展进行了探讨，主要论述了人际关系的影响因素，包括在人际互动中他人的情绪面孔对个体的影响以及个体在人际交往中对情感信息的加工和体验；此外，就大学生所面临的两种最突出的人际关系(同伴关系和恋爱关系)的特征与表现进行了阐述。

第二部分包括第三章、第四章。第三章考察了情绪面孔对依恋回避大学生人际关系的影响，就具体研究过程而言，基于对视觉搜索任务(visual searching task)范式的使用，考察了在不同刺激条件下，依恋回避者如何对他人的积极应答进行注意选择(研究一)；接着采用正性负性情绪量表(positive and negative affect scale, PANAS)考察了在威胁性刺激条件下应答性微笑面孔对依恋回避者情绪的调节效应(研究二)。第四章探究了大学生积极人际关系的形成条件及影响，具体包括用情绪启动(affective priming)任务考察安全基地图式重构对依恋回避者积极情绪的启动效应(研究三)；然后采用语义启动(semantic priming)任务考察安全基地图式重构对依恋回避者安全依恋情感的启动效应(研究四)；随后采用趋近-回避任务(approach-avoidance task, AAT)范式考察安全基地图式重构对依恋回避者安全依恋行为倾向产生的影响(研究五)。

第三部分包括第五章、第六章。第五章通过实验室实验，对大学生人际关系的促进开展了实验干预。具体来说，采用趋近-回避任务(AAT)范式对高依恋回避者安全依恋行为倾向进行训练(研究六)，对训练的效果进行验证并基于这种训练的干预方式对高回避者在新的人际交往中的情绪体验进行考察(研究七)。第六章采用人际交往团体辅导的方式,开展现场团辅干预,将依恋回避者自我和他人认知改善作为目标,从而实现对其内部工作模型的改善(研究八)。

第四部分即第七章,是本书的结论部分。在第三章到第六章研究结论的基础上,对研究问题进行归纳总结,总结了安全依恋在人际关系促进中的积极价值,对大学生积极人际关系的可塑性以及实现路径进行了归纳,指出了本书研究中的一些不足,对后续研究的改进指出了方向。

第二部分

大学生积极人际关系
的形成机制研究

第三章　情绪面孔对人际关系的影响

第一节　研究一：人际交往中对应答性面孔的注意优势效应

一、研究目的和假设

一个完整的安全基地图式所包含的过程：如果我遇到某种障碍并产生了痛苦感，那么我向一个重要的他人求助，他可能是可获得并能提供支持的，对这个人亲近会让我感到安全、舒适和放松，随后我就可以继续从事其他的活动(Ein-Dor et al.，2011)。Bowlby(1988)也曾指出，通常情况下，当个体感知到害怕或危险时，就会产生一种寻求亲密感的愿望，而依恋对象作为安全基地，给予个体应答性(responsiveness)的反馈，让个体感到安全。对于高依恋回避者而言，在幼年时，当他们遇到威胁并向依恋对象寻求帮助时，依恋对象通常未能给予应答性的反馈，因而安全基地图式的建立在这一环节便终止了，因此他们无法获得安全感并进行新的探索活动。研究者认为，注意在依恋系统的激活和调控上起着重要的作用，依恋类型和注意之间的关系能够对个体的行为作出清晰的预测(Dewitte and De Houwer，2008)。

微笑面孔代表了他人的可获得性、接纳、提供照顾和支持，包含了积极的应答性信息(Dewitte and De Houwer，2008)，但它可能会激活依恋回避者对抑制激活策略的使用，从而表现出对微笑面孔的注意回避(Dewitte and De Houwer，2008)。然而，大多数研究并没有在面临威胁的情形下对不同依恋类型者对于微笑面孔的注意进行考察，在面临威胁时个体的痛苦体验被诱发出来，因而才会促使个体去寻求安全可信的他人来给予自己支持(Ainsworth and Bell，1970；Bowlby，1969)。Beckes 等(2010)的研究发现，在新关系建立时，面临威胁时陌生人的微笑面孔也能够促使各种依恋类型者产生依恋安全感。然而另有研究者认为，虽然积极的情绪面孔，如微笑面孔在人际交往中代表着积极的反馈(Manusov and Trees，2002)，但用一般的微笑面孔作为反馈并不能起到安全基地的作用，因为一般的微笑面孔不含有与依恋有关的意义。鉴于这样的矛盾，本研究梳理了有关用情绪面孔作为安全基地的研究，结果发现，许多研究认为，在面临威胁时，他人的积极应答带来的温暖、安全的感觉是使个体感觉受到保护，从而产生依恋安全感的条件(Mikulincer et al.，2003；周爱保等，2005)。有研究表明，遭遇过拒绝和排斥会增加个体对于温暖事物的喜爱(金静和胡金生，2014)。由此可见，对于曾遭受过依恋对象拒绝或忽视的依恋回避者而言，当面临威胁时，一张让其感到温暖的微笑面孔可能更加能够作为一种应答性的情绪信息，从而激活依恋安全感。

那么，当面临威胁时，依恋回避者能否更快地注意到应答性的情绪面孔呢？在探讨个体对某种情绪面孔是否具有认知加工的优势时，常用到的方法就是视觉搜索任务(visual searching task)(徐展和李灿举，2014)，视觉搜索任务是探索注意系统功能的一种实验范式，通过视觉搜索任务可以获得有关注意选择的相关信息(Desimone and Duncan，1995)。在实际生活中，人们经常需要在复杂环境中通过搜索来选择有用的信息，同时尽量忽略其他无关信息，从而决定下一步的行动(陈文锋等，2009)。之前的大多数研究证实了，采用点探测范式或空间线索范式在探索不同依恋类型者对威胁信息的注意方面可能是有效的，因为这两种范式测查的都是注意的空间分配，对威胁信息是否警觉对于不同依恋类型者而言表现是不同的。对于微笑面孔(他人积极应答)的注意涉及如何排除无关刺激的干扰，从而实现对积极信息的选择，因此用视觉搜索任务范式可能更为合适。

通常来说，将面孔作为搜索目标的视觉搜索任务有两种操作方式，一种叫作可变目标搜索(variable target search)，要求被试判断是否所有面孔都是相同表情；另一种叫作固定目标搜索(fixed target search)，要求被试在若干面孔中搜索表情不一致的那张面孔(Savage et al.，2013)。很显然，在依恋关系中，个体需要寻找依恋对象的应答，而不是将依恋对象与其他人的情绪回应进行比较，在面临威胁时，个体只有迅速寻找并辨别出他人的情绪意图，才能够确定对方是否能为自己提供相应的支持、帮助和安全感。所以本研究采用固定目标搜索的方式进行实验设计，在不同刺激条件下，考察高、低依恋回避者对应答性或一般微笑面孔的注意选择，以对面孔搜索速度的快慢作为其是否具有注意优势效应的指标。本研究假设：在面临威胁时，依恋回避者对应答性情绪面孔能够更快地进行注意选择。

二、研究方法

(一)被试选择

在重庆两所高校内发放 1012 份亲密关系经历量表(ECR)中文版，回收有效问卷 968 份(回收率 95.7%)。参照其他研究者的方法(李彩娜等，2014)，控制依恋焦虑维度得分在平均分以下，筛选出依恋回避维度得分低于平均分一个标准差及以下的个体(低回避者)37 人，其中男性 16 人、女性 21 人，平均年龄 22.0 岁；控制依恋焦虑维度得分在平均分以下，筛选出依恋回避维度得分高于平均分一个标

准差及以上的个体(高回避者)32 人，其中男性 13 人、女性 19 人，平均年龄 21.4
岁。以上人选全部作为本实验的被试，被试分成两组(实验组、控制组)分别接受
不同的实验任务(实验组和控制组被试的任务区别在于所遵循的实验指导语不
同)，所有参加实验的被试身心健康，裸视或矫正视力正常，均为右利手，且熟悉
计算机操作，实验结束后均获得一定鼓励性报酬。

(二)实验设计

采用 2×2×2 三因素混合实验设计，各因素及水平如下所述。
(1)因素 1(依恋回避者类型，两个水平)：低回避者、高回避者。
(2)因素 2(刺激条件，两个水平)：威胁性刺激、非威胁性刺激。
(3)因素 3(组别，两个水平)：实验组、控制组。
因素 1(依恋回避者类型)、因素 3(组别)为被试间变量，因素 2(刺激条件)为
被试内变量，因变量为对微笑面孔搜索的反应时。

(三)实验材料

(1)依恋类型的测量。采用李同归和加藤和生(2006)修订的亲密关系经历量表
(ECR)中文版在正式实验之前对被试进行施测。
(2)筛选和评定刺激图片。首先，从中国情绪图片系统中初选出负性和中性类
别的图片(白露等，2005)各 20 张，调至相同的大小和分辨率(300×450 dpi)。随
后，利用问卷星平台将图片编制成问卷形式，邀请 20 名评价者对图片进行评价，
男性 12 人、女性 8 人，年龄在 20～28 岁，平均年龄 22.7 岁。所有评价者身心健
康，裸视或矫正视力正常。评价维度包括愉悦度(pleasantness)、唤醒度(arousal)、
优势度(dominance)，等级评定从 1 到 9，1 表示维度得分的最低值，9 表示维度
得分的最高值。最终选出 2 张图片，分别为愉悦度低($M=1.46$)、唤醒度高($M=6.12$)、
优势度低($M=1.73$)的图片 1 张(威胁性刺激)，内容为一个在车祸中严重受伤、血
肉模糊的尸体；愉悦度($M=5.35$)、唤醒度($M=4.57$)、优势度($M=5.78$)均为中等的
图片 1 张(非威胁性刺激)，内容为一个红色的拨浪鼓。图片选择标准：威胁性刺
激图片在愉悦度和优势度维度上的得分至少比同类型图片在这两个维度上的平均
分低一个标准差，而在唤醒度维度上的得分至少比同类型图片在这个维度上的平
均分高一个标准差；非威胁性刺激图片在每个维度上与所有同类型图片的平均分
之差要小于一个标准差。
(3)一张与刺激图片的大小和分辨率相同的黑白掩蔽图片。
(4)面孔图片的选择。在中国情绪图片系统中选择 50 张微笑面孔(男性、女性
各 25 张)以及 100 张中性面孔(男性、女性各 50 张)，图片均用 Photoshop 统一处

理，去掉头发、耳朵等特征，调至相同的大小、亮度和分辨率(260×300 dpi)，采用黑白色。邀请 34 名评价者对图片进行评价，男性 15 名、女性 19 名，年龄在17～33 岁，平均年龄 22.9 岁。所有评价者身心健康，裸视或矫正视力正常。评价维度包括吸引力、温暖度、喜好度，等级评定从 1 到 9，1 表示维度得分的最低值，9 表示维度得分的最高值。最终选出 6 张微笑面孔(男性、女性微笑面孔各 3 张)，16 张中性面孔(男性、女性中性面孔各 8 张)。图片选择标准：每张图片在每个维度上与所有同性别同情绪效价图片的平均分之差要低于一个标准差。

(四)实验程序

实验流程用 E-Prime 1.1 编制并呈现在一块 15 英寸①的电脑显示屏上，被试坐在距离电脑屏幕约 60cm 处进行实验，并被告知在实验的整个过程中要尽量将目光集中在电脑屏幕所呈现的内容上面。

具体实验程序如下。

(1)请被试填写基本信息：姓名、性别、年龄、所属学院、联系方式等。

(2)请被试阅读"实验须知"，内容包含实验过程中的注意事项等。

(3)练习阶段。练习阶段是正式实验阶段前对实验流程的一个熟悉过程，本实验的实验任务是对微笑面孔进行视觉搜索。练习阶段共包含 10 个对微笑面孔的视觉搜索试次(trial)，每个试次包含以下一个序列：800ms 的注视点→100ms 的掩蔽→500ms 的空白屏→微笑面孔搜索→1000ms 的空白屏。在对微笑面孔的视觉搜索任务中，以 3×3 形式呈现 9 张面孔图，其中 8 张中性(男性、女性各 4 张)、1 张微笑面孔(男性或女性随机)，微笑面孔在每一个试次中随机出现在除了正中间位置的其他 8 个位置上，实验组指导语要求被试"单击鼠标以最快的速度选择微笑面孔，每次在选择的同时口中念出'温暖'一词，并想象所选择的面孔会带给自己一种温暖、安心的感觉"。控制组只要求被试"单击鼠标以最快的速度选择微笑面孔"。当被试正确搜索到目标面孔后，才会进入下一个试次，否则停留在当前试次。练习阶段共包含 2 张微笑面孔(男性、女性微笑面孔各一张)。

(4)正式实验阶段。正式实验阶段与练习阶段的区别在于多了一个阈下刺激图片呈现环节，其余流程都与练习阶段一样。具体而言，每名被试随机接收阈下呈现的一张威胁性刺激图片或非威胁性刺激图片作为启动刺激，其中威胁性刺激图片被用来诱发被试的痛苦体验，而作为对照，非威胁性刺激图片代表的是不存在威胁的情境。正式实验阶段的一个试次包含以下一个序列：800ms 的注视点→33ms的刺激图片呈现→100ms 的掩蔽→500ms 的空白屏→微笑面孔搜索→1000ms 的空

---

① 1 英寸=2.54cm。

白屏。在正式实验阶段，作为搜索目标的男性微笑面孔和女性微笑面孔随机呈现在每一个试次中，每一次视觉搜索任务的 9 张图片搭配都各不相同，以消除由于熟悉而导致反应时缩短的效应。正式实验阶段共用到与练习阶段不同的 4 张微笑面孔(男性、女性微笑面孔各 2 张)。正式实验阶段共包含 4 个实验组(block)，每个实验组包含 40 个试次，因此整个实验共包含 160 个试次。做完两个实验组屏幕提示可休息一下，再继续进行余下的两个实验组。在每个实验组中，前 20 个试次用到的刺激图片是威胁性刺激图片，后 20 个试次用到的刺激图片是非威胁性刺激图片。

(5)实验结束后，主试简单询问被试对被掩蔽的刺激图片的印象，没有人报告对刺激图片有明显的知觉。主试感谢被试的参与，并给予其一定报酬。

正式实验阶段的流程图(举例)如图 3-1 所示。

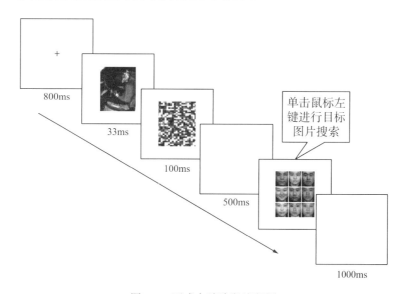

图 3-1　正式实验阶段流程图

三、实验结果分析

将被试所回答的 ECR 问卷中的各项信息用 EpiData 3.1 全部录入，再导出至 SPSS 21.0 进行分析，筛选出所有符合本实验要求的依恋回避者(低回避者和高回避者)。实验组和控制组被试遵循的实验指导语存在区别，参加实验组的被试 35 人(低回避者 19 人，高回避者 16 人)，参加控制组的被试 34 人(低回避者 18 人，高回避者 16 人)。

将正式实验阶段过程中收集到的数据也导出至 SPSS 21.0 进行分析，练习阶段的数据不进行分析。被试对微笑面孔的视觉搜索反应时情况如表 3-1 所示。

表 3-1   被试对微笑面孔的搜索反应时   （单位：ms）

组别	依恋回避者类型	威胁性刺激	非威胁性刺激
实验组	低回避者（n=19）	956.10±153.32	992.68±167.63
	高回避者（n=16）	954.44±154.34	1002.40±169.06
控制组	低回避者（n=18）	1004.90±175.58	1027.66±176.75
	高回避者（n=16）	1019.47±181.55	1001.52±160.75

（一）实验组被试对微笑面孔的搜索反应时分析

对实验组原始数据进行 2（依恋回避者类型：低回避者、高回避者）×2（刺激条件：威胁性刺激、非威胁性刺激）重复测量方差分析，得出各因素的主效应和交互作用，结果如表 3-2 所示。

表 3-2   实验组被试对微笑面孔搜索反应时的重复测量方差分析

变异来源	自由度	F 值	P 值	效应量（η^2）
A（依恋回避者类型）	1	0.002	0.96	0.000
B（刺激条件）	1	9.94	0.004	0.25
A×B	1	0.26	0.61	0.01

重复测量方差分析的结果显示，依恋回避者类型主效应不显著，$F_{(1,33)}$=0.002，P>0.05；刺激条件主效应显著，$F_{(1,33)}$=9.94，P<0.01，η^2=0.25，威胁性刺激下对微笑面孔的搜索反应时（M=955.42，SD=154.33）显著短于非威胁性刺激下对微笑面孔的反应时（M=997.54，SD=168.06）；依恋回避者类型×刺激条件之间交互作用不显著，$F_{(1,33)}$=0.26，P>0.05。具体结果见图 3-2。

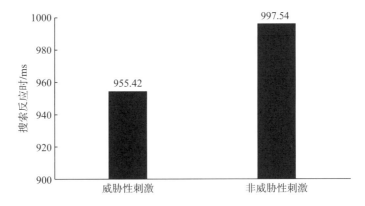

图 3-2   搜索反应时分析结果

（二）控制组被试对微笑面孔的搜索反应时分析

对控制组原始数据进行 2（依恋回避者类型：低回避者、高回避者）×2（刺激条件：威胁性刺激、非威胁性刺激）重复测量方差分析，结果没有发现任何因素的主效应及因素之间的交互作用，P_s[①] > 0.05。

四、讨论和结论

（一）依恋回避者对应答性情绪面孔的注意优势

人类的情绪面孔能够传达出一系列积极或消极的信号，比如一张微笑的面孔可能意味着"向我靠近"，想要建立亲密关系，或者提供温暖或陪伴；而一张愤怒的面孔可能意味着"别烦我"，传递出不高兴的情绪，或者预示着一种即将发生的暴力或攻击（Scherer and Wallbott，1994）。许多研究已经证实，人类对愤怒面孔有注意上的优势，这可能源于人类发展的早期对环境中潜在危险的警觉（Öhman and Mineka，2001）。然而也有研究表明，在进化过程中，相比愤怒面孔，人类对微笑面孔具有更强的视觉分辨能力，这是因为微笑面孔所传达出的社交意图更加明确（Becker et al.，2011）。需要指出的是，对积极情绪的认知加工研究通常关注的是个体对积极情绪刺激的效价的加工，比如对愉悦度的评价等。然而在人际交往尤其是亲密关系中，个体更加关注的并不是对方的情绪反馈是否让自己感到愉悦，而是在于对方的情绪反馈能否让自己感到温暖、舒适和安全，以及在此基础上，自己是否会对此产生好感并愿意继续与之建立亲密的情感联结（Beckes et al.，2010）。

本研究发现，个体对于非应答性微笑面孔的搜索（控制组），在威胁性刺激下和非威胁刺激下的搜索速度没有显著差异；而对于被赋予了温暖和安全意义的应答性微笑面孔的搜索（实验组），在威胁性刺激下的搜索速度显著快于非威胁性刺激下的搜索速度。有研究者认为，他人的可获得性和积极有效的应答能够促使个体产生较高的自尊，使个体感受到自身的价值，认为别人是值得信赖的，并且是可以在困境中为自己提供支持的，这就使得个体能够较好地适应与他人的社会交往（钟歆等，2014）。对于低回避者而言，在依恋关系中，他们早期的依恋经历里依恋对象一贯的积极应答使他们发展出了积极的他人模型，这促使他们能够在面临威胁时及时有效地去寻求他人的支持，从他人的支持中获得更强的自信、更高的自尊、更多的喜悦感和归属感，以及建立起较为完善的人际关系网络（李同归等，2006）。而对于高回避者而言，虽然他们对于情感信息有着抑制性的应对方式，但

---

① 这里涉及的所有"P"都大于 0.05，所以写为 $Ps > 0.05$。后文同。

有研究却证实他们并不会对微笑面孔产生抑制(Suslow et al.，2009)，而且由于在成长经历中遭受过依恋对象的冷漠和拒绝，高回避者甚至会对微笑面孔是否真诚、温暖和安全具有更高的敏感性(Bernstein et al.，2010)。因此，在本实验中高、低回避者都表现出在面临威胁时对于应答性的微笑面孔的注意优势效应。

(二)刺激条件对个体对应答性微笑面孔注意选择的影响

本实验发现，威胁性刺激会使高、低回避者对应答性微笑面孔的注意选择速度得到提升。对于这样的结果，可能的解释是，对于低回避者而言，安全的依恋经历使得他们对待威胁持有一种开放、乐观和灵活的态度，在这个基础之上，对威胁的感知会自动激活他们的依恋系统，这对他们主动寻求与依恋对象或相似他人之间的亲近感产生促进作用(李彩娜等，2013)。对于高回避者而言，虽然一些研究已经证实，在威胁下只有依恋对象能够起到提升安全感的作用，而陌生人或熟人则不能起到这样的作用，但也有研究发现，陌生的微笑面孔能够在威胁性刺激下让任何依恋类型的人获得依恋安全感(Beckes et al.，2010)，并且还有研究发现，依恋回避者与安全依恋者在这方面的表现尤为相似(Mikulincer et al.，2000)。

许多研究在实验条件下用威胁性刺激来诱发被试的痛苦体验，并且发现，在面临威胁时，个体对于依恋对象表征的通达性会增强，而这种威胁性刺激不一定要与依恋主题有关，威胁性刺激可以是威胁性的负性词、负性的句子或者威胁性的图片(Beckes et al.，2010)等。有研究选择死亡(death)一词作为威胁性刺激，激活了各种依恋类型被试的依恋系统，因为死亡被看作是一种终极的分离，与死亡有关的恐惧与害怕同依恋对象分离有关(Kalish，1985)。因此，用死亡作为威胁性刺激不仅能够激活依恋系统，而且由于它包含压力的意义，因此能够提高个体对依恋主题的接近性(Mikulincer et al.，2000)。与之类似的是，本实验采用的威胁性刺激图片内容也是与死亡有关的(一个在车祸中严重受伤、血肉模糊的尸体)，这便促进了威胁性刺激对高、低回避者对应答性微笑面孔的注意优势，因为应答性微笑面孔所包含的依恋意义是明显的。另外，值得注意的是，本研究中的威胁性和非威胁性刺激图片材料都是阈下呈现给被试的，因为阈下呈现刺激更能够反映出依恋情感产生的内隐过程(Beckes et al.，2010)，这也说明，依恋回避者对求助对象的注意选择可能是在无意识基础上产生的。

(三)高、低回避者表现的相似性

在个体的人际交往过程中，需要处理各种各样的情绪性信息，对情绪的认知过程是个体行为的基础(Fraley et al.，2000)。情绪面孔作为一种最为常见的情绪性信息，它直观地代表了来自他人的各种情绪反应，个体通过运用各种各样的情绪面孔所赋予的信息，才能在社会交往中理解他人的意图，从而不断调节自己的言行，避免冲突(Salovey and Mayer，1990)。然而，对情绪面孔的认知加工方面，常常存在明显的个体差异，比如对于某人脸上一闪而过的愤怒表情，有的人可能根本没有注意到，而有的人可能不仅注意到了，还会对此感到厌恶。很显然，对于后者，接下来他们可能就会从行为上对这种愤怒表情做出一些反应(Niedenthal et al.，2002)。

本实验的结果并未发现高、低回避者对应答性微笑面孔的注意选择速度存在显著差异。具体而言，在未面临威胁时对应答性微笑面孔进行搜索，低回避者并未比高回避者表现出更快的搜索速度；而在面临威胁时，高、低回避者都表现出了对应答性微笑面孔搜索速度的提升，但低回避者并未表现出对应答性微笑面孔的识别有速度优势。这可能是由于在没有面临威胁时，低回避者寻找他人帮助的动机不强，因此对应答性微笑面孔的注意选择速度不会比高回避者更快。

(四)结论

综上，本研究的主要结论如下：第一，只有应答性的微笑面孔才能够在面临威胁时促进依恋回避者对其产生注意优势效应；第二，面临威胁是依恋回避者对应答性微笑面孔产生注意选择优势的前提条件；第三，依恋回避者对求助对象的注意选择可能是在无意识基础上产生的；第四，高、低依恋回避者在对微笑面孔的注意选择上表现是相似的。

第二节 研究二：人际交往中应答性面孔对情绪的调节作用

一、研究目的和假设

在理解个体在情绪调节的差异方面，依恋理论提供了一个有用的参考(Bowlby，1969)。根据依恋理论，由于依恋系统促使个体在面临威胁时去寻找依恋对象并与其保持亲密感(Bowlby，1969)，因而这个系统对于个体如何处理威胁所带来的压力是至关重要的。考察依恋和情绪调节的研究发现，不同依恋类型者具有不同的情绪调节策略。安全依恋者在面对困境和威胁时，会坦然承认自身的痛苦感受，并用一种乐观的态度主动寻求支持，从而对自身的消极情绪进行调节，使自己体验到较少的消极情绪；而依恋回避者通常倾向于抑制自身情绪的表达，使自己处于孤立状态中，因而他们常体验到更多的消极情绪(王力等，2007)。不安全依恋者对于亲密关系的功能和结果具有不合理的信念和期待，他们的依恋经验使得他们对依恋对象失去信心，因此他们通常会认为亲密关系是危险的

(Lyons-Ruth and Jacobwitz, 1999)，从而对亲密关系产生不合理的消极情绪；相较而言，安全依恋者对情绪的调控则是具有适应性的，他们会在早期的安全依恋关系中建设性地发展出控制消极情绪的能力(Kobak and Sceery, 1988)。许多研究都发现，不安全依恋与亲密关系中的消极情绪以及不恰当的行为有关(Bartholomew and Allison, 2006)。那么，与之相反的结果能不能在实验情境下得以实现呢？

安全依恋关系的形成过程为个体带来的积极情感体验与个体的情绪调节是密切相关的(Mikulincer and Shaver, 2001)。在面临威胁时，他人的积极应答会提高个体对于依恋安全感的认知(即对依恋对象是具有支持性、应答性并且可获得的认知)，这种认知水平的提高能够促进对依恋有关策略的使用，而依恋有关策略是用来调节自身痛苦情绪的(Mikulincer and Shaver, 2001)。由此可以推测，由威胁带来的消极情绪能够通过他人的积极应答得到改善。同时，目前研究者普遍认为，情绪并不是单一维度的，积极情绪和消极情绪可以同时存在于一个人身上，也就是说个体在拥有消极情绪体验的时候可能也同时拥有积极情绪体验(黄丽等，2003)。那么，他人的积极应答对个体积极情绪的维持能否起到促进作用呢？

虽然依恋的不安全感与对关系的不恰当认知和消极情绪有关，但少有研究探讨在安全依恋形成的过程中，他人的积极应答如何在个体面临威胁时对个体的情绪调节产生影响。研究发现，在面临威胁时应答性的微笑面孔对依恋回避者而言具有注意的优势，在 Beckes 等(2010)的研究中，在每次面临威胁时都向被试呈现陌生人的微笑面孔，结果发现经过多次练习以后，各种依恋类型者均对陌生他人产生了安全依恋情感。有研究者考察了依恋对象的形象在个体应对亲密关系冲突时的作用，结果发现依恋对象对于降低由亲密关系冲突带来的愤怒和焦虑情绪有着积极作用。那么，在面临威胁时，来自陌生他人的应答对依恋回避者的情绪会产生什么样的影响呢？高、低依恋回避者的表现是否有所不同呢？

本研究通过在威胁或非威胁性刺激条件下，让高、低依恋回避者对应答性的陌生微笑面孔进行视觉搜索(实验组)或不作任何反应(控制组)的方式，考察应答性微笑面孔对高、低回避者情绪的调节作用。基于以上前人的研究结论，本研究假设：①威胁性刺激会降低个体的积极情绪，但反复在面临威胁时对应答性的微笑面孔进行搜索会使得个体的积极情绪得到维持；②威胁性刺激会提高个体的消极情绪，但反复在面临威胁时对应答性的微笑面孔进行搜索会改善个体的消极情绪。

二、研究方法

(一)被试选择

本研究被试筛选方法同实验一，最终选出低回避者 40 人(男性 19 人、女性 21 人，平均年龄 19.9 岁)，高回避者 32 人(男性 12 人、女性 20 人，平均年龄 20.2 岁)。以上人选全部作为本实验的被试，被试分成两组(实验组、控制组)，接受不同的实验任务，实验任务完成前后，对两组被试的情绪进行测量。所有参加实验的被试身心健康，裸视或矫正视力正常，均为右利手，且熟悉计算机操作，实验结束后均获得一定鼓励性报酬。

(二)实验设计

采用 $2 \times 2 \times 2$ 三因素混合实验设计，各因素及水平如下所述。
(1)因素 1(依恋回避者类型，两个水平)：低回避者、高回避者。
(2)因素 2(组别，两个水平)：实验组、控制组。
(3)因素 3(情绪测量顺序，两个水平)：前测、后测。
因素 1(依恋回避者类型)、因素 2(组别)均为被试间变量，因素 3(情绪测量顺序)为被试内变量。因变量为积极情绪分数和消极情绪分数。

(三)实验材料

(1)亲密关系经历量表(ECR)：同研究一。
(2)刺激图片：同研究一中的威胁性刺激图片。
(3)掩蔽图片：同研究一。
(4)面孔图片：同研究一正式实验阶段所用到的所有面孔图片。
(5)情绪测量量表：正性负性情绪量表(PANAS)中文版(黄丽等，2003)。该量表由 20 个条目组成，分 5 级评分。PANAS 包含两个分量表，分别测量积极情绪和消极情绪，积极情绪分数越高代表受测者越是充满热情、活跃或警觉，消极情绪分数越高表示受测者拥有越多的负面情感状态与痛苦感(Watson et al.，1988)。

(四)实验程序

实验流程用 E-Prime 1.1 编制并呈现在一块 15 英寸的电脑显示屏上，被试坐在距离电脑屏幕约 60cm 处进行实验，并被告知在实验的整个过程中要尽量将目光集中在电脑屏幕所呈现的内容上面。其中，实验组被试对微笑面孔进行视觉搜

索，控制组被试不进行任何操作性的反应。参加实验组的被试为 36 人(低回避者
20 人，高回避者 16 人)，参加控制组的被试为 36 人(低回避者 20 人，高回避者
16 人)。

具体实验程序如下。

(1) 请被试填写基本信息：姓名、性别、年龄、所属学院、联系方式等。

(2) 请被试阅读"实验须知"，内容包含实验过程中的注意事项等。

(3) 实验前，请被试根据当前的情绪状态填写 PANAS。

(4) 实验过程中总共包含连续的 80 个试次。对于实验组被试，每一个试次包
含以下一个序列：800ms 的注视点→33ms 的威胁性刺激图片呈现→100ms 的掩蔽
→500ms 的空白屏→微笑面孔搜索→1000ms 的空白屏。其中，搜索任务的面孔图
片呈现方式以及搜索方式与实验一中的正式实验阶段相同。对于控制组被试，每
一个试次包含以下一个序列：800ms 的注视点→33ms 的威胁性刺激图片呈现→
100ms 的掩蔽→1000ms 的空白屏。可以看出，与实验组相比，控制组被试在实验
中只需要全程注视屏幕，而不需要作出任何操作性的反应。

(5) 实验后，请被试再次根据当前的情绪状态填写 PANAS。

(6) 实验全程结束后，主试简单询问被试对被掩蔽的刺激图片的印象，没有人
报告对刺激图片有明显的知觉。主试感谢被试的参与，并给予其一定报酬。

实验组和控制组的实验流程图(举例)如图 3-3 所示。

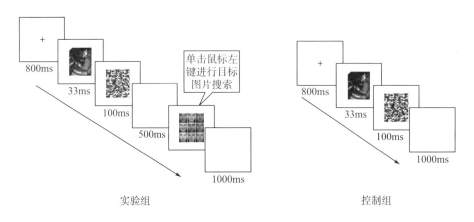

图 3-3　实验流程图

三、实验结果分析

将被试所回答的 ECR 中的各项信息用 EpiData 3.1 全部录入，再导出至 SPSS
21.0 进行分析，筛选出所有符合本实验要求的依恋回避者(低回避者和高回避者)。
将实验过程中收集到的情绪分数也导出至 SPSS 21.0 进行分析。

被试在 PANAS 中的积极情绪和消极情绪得分情况如表 3-3 所示。

表 3-3　积极情绪分数和消极情绪分数

组别	依恋回避者类型	积极情绪分数		消极情绪分数	
		前测	后测	前测	后测
实验组	低回避者 (*n*=20)	2.36±0.89	2.51±0.95	1.21±0.38	1.08±0.20
	高回避者 (*n*=16)	2.58±0.56	2.80±0.60	1.33±0.42	1.23±0.29
控制组	低回避者 (*n*=20)	2.48±0.92	2.14±0.63	1.18±0.21	1.55±0.52
	高回避者 (*n*=16)	2.47±0.68	2.00±1.06	1.03±0.45	1.37±0.25

(一)消极情绪分数变化分析

以依恋回避者类型、组别为被试间变量，情绪测量顺序为被试内变量，以 PANAS 的消极情绪得分为因变量，进行 2(依恋回避者类型：低回避者、高回避者)×2(组别：实验组、控制组)×2(情绪测量顺序：前测、后测)的三因素重复测量方差分析，得出各因素的主效应和交互作用，结果见表 3-4。

表 3-4　被试消极情绪分数的方差分析

变异来源	自由度	F 值	P 值	效应量(η^2)
A(依恋回避者类型)	1	0.02	0.890	0.001
B(组别)	1	0.58	0.450	0.020
C(情绪测量顺序)	1	7.76	0.008	0.170
A×B	1	2.92	0.100	0.070
A×C	1	0.01	0.920	0.000
B×C	1	28.95	0.000	0.440
A×B×C	1	0.15	0.700	0.004

重复测量方差分析的结果显示，依恋回避者类型的主效应不显著，$F(1,70)=0.02$，$P>0.050$；组别主效应不显著，$F(1,70)=0.58$，$P>0.050$；情绪测量顺序主效应显著，消极情绪的后测分数($M=1.29$，SD=0.35)显著高于前测分数($M=1.18$，SD=0.31)，$F(1,70)=7.76$，$P<0.010$，$\eta^2=0.170$。在两因素交互中，仅有组别×情绪测量顺序交互作用显著，$F(1,70)=28.95$，$P<0.001$，$\eta^2=0.440$；三因素交互作用不显著，$F(1,70)=0.15$，$P>0.05$。

　　针对组别×情绪测量顺序显著的交互作用,对情绪测量顺序在组别上作简单效应分析,结果发现,对实验组被试而言,消极情绪的后测分数与前测分数没有显著差异,$F(1,70)=3.49$,$P>0.050$;对于控制组被试而言,消极情绪的后测分数($M=1.46$,SD=0.19)显著高于前测分数($M=1.10$,SD=0.46),$F(1,70)=32.33$,$P<0.001$,$\eta^2=0.470$。具体结果见图 3-4。

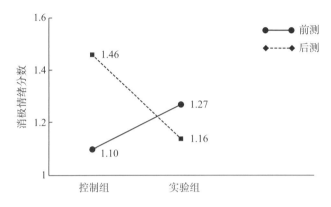

图 3-4　前测和后测的消极情绪分数对比

　　针对组别×情绪测量顺序显著的交互作用,对组别在情绪测量顺序上作简单效应分析,结果发现,对于消极情绪的前测分数,实验组和控制组没有显著差异,$F(1,70)=3.05$,$P>0.050$;对于消极情绪的后测分数,实验组($M=1.16$,SD=0.25)显著低于控制组($M=1.46$,SD=0.19),$F(1,70)=8.93$,$P<0.01$,$\eta^2=0.19$。具体结果见图 3-5。

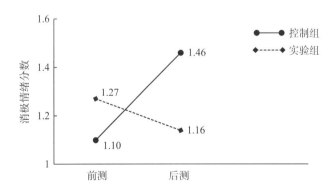

图 3-5　实验组和控制组的消极情绪分数对比

(二)积极情绪分数变化分析

以依恋回避者类型、组别为被试间变量,情绪测量顺序为被试内变量,以

PANAS 的积极情绪得分为因变量，进行 2（依恋回避者类型：低回避者、高回避者）×2（组别：实验组、控制组）×2（情绪测量顺序：前测、后测）的三因素重复测量方差分析，得出各因素的主效应和交互作用，结果见表 3-5。

表 3-5　被试积极情绪分数的方差分析

变异来源	自由度	F 值	P 值	效应量（η^2）
A（依恋回避者类型）	1	0.13	0.72	0.003
B（组别）	1	1.37	0.25	0.04
C（情绪测量顺序）	1	1.59	0.22	0.04
A×B	1	0.46	0.50	0.01
A×C	1	0.02	0.90	0.000
B×C	1	11.40	0.002	0.24
A×B×C	1	0.29	0.60	0.01

重复测量方差分析的结果显示，依恋回避者类型的主效应不显著，$F(1,70)=0.13$，$P>0.05$；组别主效应不显著，$F(1,70)=1.37$，$P>0.05$；情绪测量顺序主效应不显著，$F(1,70)=1.59$，$P>0.05$。在两因素交互中，仅有组别×情绪测量顺序交互作用显著，$F(1,70)=11.40$，$P<0.01$，$\eta^2=0.24$；三因素交互作用不显著，$F(1,70)=0.29$，$P>0.05$。

针对组别×情绪测量顺序显著的交互作用，对情绪测量顺序在组别上作简单效应分析，结果发现，对实验组被试而言，积极情绪的后测分数和前测分数没有显著差异，$F(1,70)=2.31$，$P>0.05$；对于控制组被试而言，积极情绪的后测分数（$M=2.07$，$SD=0.77$）显著低于前测分数（$M=2.48$，$SD=0.85$），$F(1,70)=4.48$，$P<0.05$，$\eta^2=0.11$。具体结果见图 3-6。

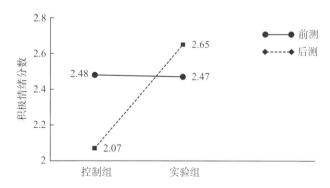

图 3-6　前测和后测的积极情绪分数对比

针对组别×情绪测量顺序显著的交互作用，对组别在情绪测量顺序上作简单效应分析，结果发现，对于积极情绪的前测分数，实验组和控制组没有显著差异，$F(1,70)=0.001$，$P>0.05$；对于积极情绪的后测分数，实验组（$M=2.65$，$SD=0.81$）显著高于控制组（$M=2.07$，$SD=0.77$），$F(1,70)=10.40$，$P<0.01$，$\eta^2=0.23$。具体结果见图3-7。

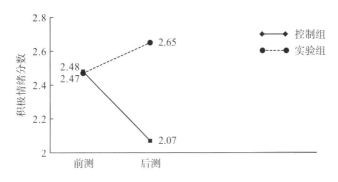

图3-7 实验组和控制组的积极情绪分数对比

四、讨论和结论

（一）应答性微笑面孔对积极情绪的维持作用

本研究发现，在未进行微笑面孔搜索的情况下，威胁会使得个体的积极情绪降低（控制组），如果反复在面临威胁时进行对应答性微笑面孔的搜索，会使得被试的积极情绪维持在一个稳定的水平，而不受到威胁的影响（实验组）。由前文分析可知，安全基地图式产生的要素包含在面临威胁时出现一个可获得的他人提供支持和应答，而这能够提升个体的快乐感和希望，并且帮助个体较好地应对困境（Waters and Waters，2006），因此这是一个对个体情绪有益的过程，在这个过程中，个体的积极情绪状态得到了维持。然而，安全依恋的形成不是一蹴而就的，对于依恋回避者而言，安全依恋的产生可能不是偶尔提供一两次安全基地就能够实现的，他人的积极应答可能需要得到反复的强化才能够帮助依恋回避者在威胁中获得依恋安全感。有研究者就发现，对于惯用防御和抑制策略的个体，要想改变其不良的认知模式，需要尽可能多地帮助他们增加积极情感体验（McCullough，1998）。因此，对于本研究的实验组，在每一次威胁呈现后都相应地让被试对应答性的微笑面孔进行搜索，多次重复，这个过程模拟的是在安全依恋形成初期个体对依恋对象进行主动寻找的过程并且总是能够获得积极应答的情形。在这样一种循环往复的强化过程中，可能就避免了依恋回避者因威胁而导致的积极情绪水平的下降。

本研究还发现，应答性微笑面孔对于高、低回避者的作用是相似的，这说明如果总是能够获得他人的帮助和支持，高回避者的积极情绪同样将不会因为受到威胁性刺激的影响而降低。有研究就发现，个体与父母之间的不安全依恋，可能会在新关系建立过程中得到补偿，那些过去与父母之间存在不安全依恋关系的个体，更有可能通过与他人之间有益的交往来满足自身的依恋需求（Freeman and Brown，2001）。因此可以推测，陌生的应答性微笑面孔对于高回避者积极情绪的维持作用，可能正是对高回避者不安全依恋关系的一种补偿。

（二）应答性微笑面孔对消极情绪的改善作用

本研究发现，在未进行应答性微笑面孔搜索的情况下，威胁会使得个体的消极情绪提高（控制组），而如果反复在面临威胁时进行对应答性微笑面孔的搜索，则会抑制这种消极情绪的产生（实验组）。研究者认为，他人的可获得性和积极有效的应答能够促使个体产生较高的自尊，使个体感受到自身的价值，认为别人是值得信赖的，并且是可以在困境中为自己提供支持的，这就使得个体能够较好地适应与他人的社会交往（钟歆等，2014）。在本研究中，微笑面孔被赋予了一种安全依恋的意义，它的安全、温暖的意义代表了安全基地有效的应答，因而在威胁下有助于激活个体的安全基地图式，而安全基地图式的激活具有减轻由威胁所带来的痛苦感的作用（Waters and Waters，2006），从而使得消极情绪更不容易产生。

本研究还发现，应答性微笑面孔对于高、低回避者的作用是相似的，这说明如果总是能够获得他人的帮助和支持，高回避者的消极情绪同样将不会因为受到威胁性刺激的影响而提高。对于低回避者而言，安全的依恋关系使得他们对外界的探索会更加丰富，虽然这会增加他们体验消极情绪的概率，但他们并不会因此而产生更多的消极情绪，因为他们所具有的积极认知模式本身就会消解消极情绪对他们的负面影响（王力等，2007），同时，来自他人的积极应答又会使他们获得更强的自信、更高的自尊以及喜悦感和归属感等，并用这些积极的体验代替消极情绪（李同归等，2006），从而使消极情绪不容易因威胁而产生。对于高回避者而言，在本研究中，他们的消极情绪同样因为反复在威胁下搜索应答性微笑面孔而得到改善。有研究发现，一张集合了积极情感和依恋主题两方面含义的图片，能够减轻冲突情境对任何依恋类型个体消极情绪的影响。类似地，在本研究中，被赋予了应答性的微笑面孔可能也同时具有这两方面的含义，因此对于高、低回避者而言，它们都具有改善由威胁带来的消极情绪的作用。

（三）结论

　　综上，本研究的结论如下：第一，威胁性刺激会降低高、低依恋回避者的积极情绪，但反复在威胁下对应答性的微笑面孔进行搜索，会使得高、低依恋回避者的积极情绪得到维持。第二，威胁性刺激会提高高、低依恋回避者的消极情绪，但反复在威胁下对应答性的微笑面孔进行搜索，会改善高、低依恋回避者的消极情绪。

第四章　大学生积极人际关系
的形成条件及影响

第一节　研究三：人际交往中的积极情绪启动

一、研究目的和假设

有研究者认为，依恋关系首先应是一种情感的联结(胡平和关瑜，2007)。个体在早期与依恋对象之间建立这种情感联结的过程中，逐渐发展出对他人情感安全性的记忆图式，这种图式可以反映个体对他人的情感信任程度，以及对他人情感的倾向性(胡平和关瑜，2007)。因此，当相关事件发生时，个体就会对相应的情感信息有一种判断，而对情感信息的判断所涉及的认知过程是一切依恋行为产生的基础(Fraley et al.，2006)。个体早期与依恋对象之间单纯的依恋关系是其在随后的发展过程中建立更加全面的社会评价体系的基础，研究者认为，不安全依恋与对人际情感信息持有偏见的自动加工有关，个体在与依恋对象以外的陌生他人建立情感联结的时候，这种偏见会转移到新关系中(Brumbaugh and Fraley，2007)。由此可见，个体对情感信息的判断是基于对依恋对象情感反馈的感知。对于依恋回避者而言，他们对依恋对象的情感反馈不抱有希望，因而导致他们对情感信息普遍持有消极的评价(钟歆和陈旭，2013)。然而，如果自己在面临威胁时他人总是能够给予积极的情感回应，依恋回避者又会如何对这种情感回应进行感知，从而对相应的情感信息进行判断呢？

对情感信息的效价判断可以作为个体加工情感信息的一个指标，它反映出的是个体对情感信息有意识的认知评价(Spangler et al.，2010)。Shaver 和 Mikulincer(2006)曾指出，相比中性信息而言，人们对情绪性信息(积极或消极)的加工更加迅速，表明信息的情绪特征能够更快地调动认知资源(夏瑞雪等，2014)。通过效价判断个体可以获得对情绪信息的区分能力，而这种能力会对个体的情绪体验产生影响(宫火良，2008)。了解依恋回避者对情绪信息的区分能力，对于探索他们在新关系建立中的情感体验是有帮助的。许多研究都证实，个体拥有对情绪刺激进行自动评价的机制，该机制能够快速扫描周围环境的刺激，对其进行积极或者消极的评价，从而为随后的行为做准备(Zajonc，2000)。对情绪信息进行自动评价最常用的研究方法之一就是情绪启动(affective priming)研究。

情绪启动研究是通过设置启动刺激与目标刺激，考察这二者之间的效价关系对目标刺激加工的调节作用，当启动刺激和目标刺激之间存在一致的效价时会促进对目标刺激的加工(蒋重清等，2012)。情绪的启动包含的是个体对启动刺激效价无意识的快速感知以及对目标刺激有意识的快速评价，虽然评价是有意识的，但这个评价过程没有复杂的认知资源的投入(Spruyt et al.，2007)。

在新关系建立的过程中，依恋类型究竟是如何影响个体对于情绪信息效价的判断的呢？研究二发现，当面临威胁时，应答性的微笑面孔对于依恋回避者而言能够维持其积极情绪并改善消极情绪。那么，遵循安全基地图式建构的过程，通过反复在威胁下搜索应答性微笑面孔的方式为依恋回避者建构安全基地图式，能不能促进依恋回避者对积极情绪进行感知和判断呢？

采用效价判断任务的情绪启动研究证明，启动刺激与目标刺激之间的情绪效价一致时，会促进效价判断任务中对目标刺激效价的加工和判断(Klauer and Musch，2003)。在本实验中，高、低依恋回避者首先反复在威胁性刺激或非威胁性刺激条件下对应答性微笑面孔或字母进行视觉搜索，接着对情绪信息进行效价判断，将效价判断速度的快慢作为被试区分情绪信息所传达出的积极或消极意义能力的指标。具体而言，如果个体对某种情感信息能够迅速判断其效价，说明个体对这种情感信息所包含的情绪意义敏感，能够更准确地将其与其他情绪信息区分开来(宫火良，2008)。由于微笑面孔包含了积极的情绪效价，同时应答性微笑面孔的积极作用只有在威胁性刺激下才能够体现出来(研究一、研究二)，而对字母的搜索不含有任何情绪意义，可以作为一种与微笑面孔搜索的对照条件，因此本研究假设：反复在面临威胁时搜索应答性微笑面孔能够启动高、低回避者的积极情绪。除了对高、低回避者对情绪信息效价判断反应时的考察，本研究还考察了高、低回避者对于情绪信息效价判断的正确率，效价判断正确率体现的是对效价信息加工的准确性。研究发现，通常来说对积极情绪信息的判断正确率要高于消极情绪信息(陈欣，2012)，因而本研究假设：在对情感图片进行效价判断时，相比消极情绪信息，个体对积极情绪信息的效价判断正确率更高。

二、研究方法

(一)被试选择

本实验被试的筛选方法同研究一，最终筛选出低回避者 37 人(男性 19 人，女性 18 人，平均年龄 20.3 岁)，高回避者 34 人(男性 14 人，女性 20 人，平均年龄 20.0 岁)。在本研究中，所有被试需要接受两种视觉搜索任务，一种是微笑面孔搜索(代表对应答性他人的寻找),另一种是字母搜索(与微笑面孔搜索形成对照,代表无他人应答的情形)。所有参加实验的被试身心健康,裸视或矫正视力正常,均为右利手,且熟悉计算机操作,实验结束后均获得一定鼓励性报酬。

(二)实验设计

采用 2×2×2×2 四因素混合实验设计,各因素及水平如下所述。

(1)因素 1(依恋回避者类型,两个水平):低回避者、高回避者。

(2)因素 2(刺激条件,两个水平):威胁性刺激、非威胁性刺激。

(3)因素 3(搜索内容,两个水平):微笑面孔搜索、字母搜索。

(4)因素 4(情感图片效价,两个水平):积极情感图片、消极情感图片。

因素 1(依恋回避者类型)为被试间变量,因素 2(刺激条件)、因素 3(搜索内容)、因素 4(情感图片效价)为被试内变量,因变量为对情感图片的效价判断正确率和反应时。

(三)实验材料

(1)亲密关系经历量表(ECR):同研究一。

(2)刺激图片:同研究一。

(3)掩蔽图片:同研究一。

(4)面孔图片:同研究一。

(5)字母图片制作:将 26 个字母用 Photoshop 制作成 26 张图片,字母在图片的正中央,为白色,字母周围为纯黑色背景(黑底白字),图片亮度一致,分辨率为 100×110 dpi。另外制作 26 张图片,字母在图片正中央,为黄色,字母周围为纯黑色背景(黑底黄字),图片亮度一致,分辨率为 100×110 dpi。

(6)情感图片的筛选和评定。首先,选取 94 张情绪情感图片,内容涉及与依恋有关的积极图片(安全依恋情感图片)46 张、与依恋有关的消极图片(不安全依恋情感图片)48 张。图片均用 Photoshop 统一处理,调至相同的大小、亮度和分辨率(400×266 dpi),采用黑白色。随后,利用问卷星平台将图片编制成问卷形式,共邀请了 37 名评价者对图片进行评价,其中男性 27 人、女性 10 人,年龄在 18~32 岁,平均年龄 24.2 岁。所有评价者身心健康,裸视或矫正视力正常。评价维度包括愉悦度、唤醒度、内容相关度,等级评定从 1 到 9,1 表示维度得分的最低值,9 表示维度得分的最高值。愉悦度评定:图片中的场景让人感到越愉快,则评分越高,反之越低。唤醒度评定:看到这个场景觉得兴奋或提不起精神,如果感到越兴奋则评分越高,反之越低。内容相关度评定:图片内容越能反映出与依恋相关的信息,则评分越高,反之越低。最终选出 36 张情感图片,其中与依恋有关的积极情感图片(安全依恋情感图片)和与依恋有关的消极情感图片(不安全依恋情感图片)各 18 张。图片选择标准：在三个评价维度上，所选出的图片分别与模糊等级 5 存在显著差异，$P_s < 0.05$。

(四)实验程序

实验流程用 E-Prime 1.1 编制并呈现在一块 15 英寸的电脑显示屏上，被试坐在距离电脑屏幕约 60cm 处进行实验，并被告知在实验的整个过程中要尽量将目光集中在电脑屏幕所呈现的内容上面。

具体实验程序如下。

(1)请被试填写基本信息：姓名、性别、年龄、所属学院、联系方式等。

(2)请被试阅读"实验须知"，内容包含实验过程中的注意事项等。

(3)练习阶段。练习阶段是正式实验阶段前对实验流程的一个熟悉过程，本研究的实验由视觉搜索和效价判断两部分任务构成，因此练习阶段也包含了这两部分任务。练习阶段由 10 个视觉搜索试次和 8 个效价判断试次构成。

练习阶段视觉搜索任务的一个试次包含以下一个序列：800ms 的注视点→100ms 的掩蔽→500ms 的空白屏→视觉搜索→1000ms 的空白屏。其中，前 5 个练习试次中进行字母搜索，后 5 个练习试次中进行微笑面孔搜索。字母搜索是以 3×3 形式呈现 9 张字母，其中 8 张为黑底白字，1 张为黑底黄字，同一次呈现的 9 个字母全部不相同。黑底黄字的字母在每一个试次中随机出现在除了正中间位置以外的其他 8 个位置上，指导语要求被试"单击鼠标以最快的速度选择与其他字母颜色不同的那个字母"。微笑面孔的搜索是以 3×3 形式呈现 9 张面孔图，其中 8 张中性(男性、女性各 4 张)，1 张微笑面孔(男性或女性随机)，微笑面孔在每一个试次中随机出现在除了正中间位置以外的其他 8 个位置上,指导语要求被试"单击鼠标以最快的速度选择微笑面孔，每次在选择的同时口中念出'温暖'一词，并想象所选择的面孔会带给自己一种温暖、安心的感觉"。练习阶段的微笑面孔搜索共包含 2 张微笑面孔(男性、女性微笑面孔各一张)。被试正确搜索到目标字母或微笑面孔后，才会进入下一个试次，否则停留在当前试次。

练习阶段效价判断任务的一个试次包含以下一个序列：500ms 的注视点→情感图片呈现→被试按 F 键或 J 键作效价判断→1000ms 反馈(正确或错误)。效价判断任务的指导语要求被试尽可能快速又准确地按键判断情感图片效价为积极或消极(一半被试被要求在图片为积极时按 F 键，消极时按 J 键，另一半被试被要求作出相反的反应)。练习阶段的效价判断任务共 8 个试次，包含与依恋有关的积极情感图片和消极情感图片各 2 张。

(4)正式实验阶段。正式实验阶段总共包含 8 个实验组，在每一个实验组中，都包含视觉搜索和效价判断两部分任务。在每一个实验组中，被试都需要先完成视觉搜索任务的所有试次，再完成效价判断任务的所有试次。

正式实验阶段视觉搜索任务的一个试次包含以下一个序列：800ms 的注视点→33ms 的刺激图片呈现→100ms 的掩蔽→500ms 的空白屏→视觉搜索→1000ms 的空白屏。可以看出，与练习阶段的视觉搜索任务相比，正式实验阶段的视觉搜索任务多了一个阈下刺激图片呈现环节，其余都与练习阶段一样。具体而言，每名被试随机接收阈下呈现的一张威胁性图片或非威胁性图片作为启动刺激，其中威胁性图片被用来诱发被试的痛苦体验，而作为对照，非威胁性图片代表的是不存在威胁的情境。

正式实验阶段效价判断任务的一个试次包含以下一个序列：500ms 的注视点→情感图片呈现→被试按 F 键或 J 键作效价判断→1000ms 反馈(正确或错误)。在每个实验组中，效价判断任务都包含两种效价的图片(积极情感图片、消极情感图片)各 2 张，每张图片进行 4 次效价判断，同一张图片不会连续呈现超过 2 次。

正式实验阶段以 16 个视觉搜索试次+16 个效价判断试次构成一个实验组，总共进行 8 个实验组。其中非威胁性刺激图片在第 1、2、5、6 个实验组中呈现，威胁性刺激图片在第 3、4、7、8 个实验组中呈现；第 1、3、5、7 个实验组进行的是字母搜索，第 2、4、6、8 个实验组进行的是微笑面孔搜索。做完 4 个实验组屏幕提示可休息一下，再继续进行余下的 4 个实验组。值得注意的是，每一次视觉搜索任务的 9 张图片搭配都各不相同，以消除由于熟悉而导致反应时缩短的效应。每个实验组中包含 E-Prime 1.1 程序自动记录被试在效价判断任务中的正误和反应时。

(5)实验结束后，主试简单询问被试对被掩蔽的刺激图片的印象，没有人报告对刺激图片有明显的知觉。主试感谢被试的参与，并给予其一定报酬。

在本实验中，被试对视觉搜索中的微笑面孔(或字母)图片和效价判断中的情感图片之间的关系并不知情，这就使得他们不可能有意识地操控自己的表现而影响实验结果。

本研究的正式实验流程图(举例)如图 4-1 所示。

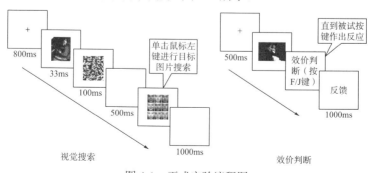

图 4-1 正式实验流程图

三、实验结果分析

将被试所回答的 ECR 中的各项信息用 EpiData 3.1 全部录入，再导出至 SPSS 21.0 进行分析，筛选出所有符合本实验要求的依恋回避者(低回避者和高回避者)。将正式实验阶段过程中收集到的数据也导出至 SPSS 21.0 进行分析，练习阶段的数据不进行分析。有 1 名低回避者(男性)因错误率高于 20%而被排除，因此总共对 70 人的实验数据进行了统计，其中低回避者 36 人、高回避者 34 人。

(一)被试对情感图片的效价判断正确率分析

被试对情感图片的效价判断正确率情况如表 4-1 所示。

表 4-1   被试对情感图片的效价判断正确率

依恋回避者类型	搜索内容	威胁性刺激		非威胁性刺激	
		积极情感图片	消极情感图片	积极情感图片	消极情感图片
低回避者 (*n*=36)	微笑面孔搜索	0.970±0.033	0.979±0.023	0.973±0.022	0.983±0.024
	字母搜索	0.987±0.016	1.000±0.000	0.990±0.011	1.000±0.000
高回避者 (*n*=34)	微笑面孔搜索	0.093±0.013	0.989±0.016	0.966±0.025	0.989±0.016
	字母搜索	0.983±0.015	0.982±0.022	0.975±0.018	0.987±0.021

对原始数据进行 2 (依恋回避者类型：低回避者、高回避者)×2 (刺激条件：威胁性刺激、非威胁性刺激)×2 (搜索内容：微笑面孔搜索、字母搜索)×2 (情感图片效价：积极情感图片、消极情感图片)四因素重复测量方差分析，结果发现，仅有情感图片效价主效应显著，$F(1,68)=16.62$，$P<0.001$，$\eta^2=0.43$，对积极情感图片的效价判断正确率($M=0.977$，$SD=0.021$)显著低于对消极情感图片的效价判断正确率($M=0.988$，$SD=0.018$)；其余各因素主效应和交互作用均不显著，$P_s>0.05$。

(二)进行微笑面孔搜索时，被试对情感图片的效价判断反应时分析

在进行反应时数据分析之前，首先剔除了所有错误反应(即将积极判断为消极，或者将消极判断为积极)的数据(占所有反应的 1.59%)。接着，删除了反应时小于 150ms 以及大于 1500ms 的数据(占正确反应的 0.99%)(De Houwer et al.，2002)。

进行应答性微笑面孔搜索时，被试对情感信息效价判断的反应时情况如表 4-2 所示。

表 4-2　被试对情感信息效价判断的反应时　　　　　（单位：ms）

依恋回避者类型	积极情感图片		消极情感图片	
	威胁性刺激	非威胁性刺激	威胁性刺激	非威胁性刺激
低回避者（$n=36$）	581.50±60.06	591.40±100.23	624.00±69.08	628.20±77.99
高回避者（$n=34$）	593.19±105.50	614.54±88.95	636.14±48.97	615.72±112.20

针对应答性微笑面孔的搜索任务，以依恋回避者类型为被试间变量，刺激条件和情感图片效价为被试内变量，以对情感图片的效价判断反应时为因变量，进行 2（依恋回避者类型：低回避者、高回避者）×2（刺激条件：威胁性刺激、非威胁性刺激）×2（情感图片效价：积极情感图片、消极情感图片）三因素重复测量方差分析，得出各因素的主效应和交互作用，结果如表 4-3 所示。

表 4-3　微笑面孔搜索时，被试对情感图片效价判断反应时的重复测量方差分析

变异来源	自由度	F 值	P 值	效应量（η^2）
A（依恋回避者类型）	1	3.82	0.054	0.05
B（刺激条件）	1	0.55	0.460	0.01
C（情感图片效价）	1	34.09	0.000	0.31
A×B	1	0.42	0.520	0.01
A×C	1	2.77	0.100	0.04
B×C	1	7.22	0.010	0.09
A×B×C	1	4.17	0.045	0.15

重复测量方差分析的结果显示，依恋回避者类型主效应接近显著，$F(1,68)=3.82$，$P=0.054$，低回避者的效价判断反应时（$M=606.28$，$SD=92.17$）显著短于高回避者（$M=614.90$，$SD=99.86$）；刺激条件主效应不显著，$F(1,68)=0.55$，$P>0.050$；情感图片效价主效应非常显著，$F(1,68)=34.09$，$P<0.001$，$\eta^2=0.31$，对积极情感图片的效价判断（$M=594.82$，$SD=89.33$）显著快于对消极情感图片的效价判断（$M=626.02$，$SD=83.46$）；在两因素交互作用中，只有刺激条件×情感图片效价之间交互作用显著，$F(1,68)=7.22$，$P<0.050$，$\eta^2=0.09$；三因素交互作用显著，$F(1,68)=4.17$，$P<0.050$，$\eta^2=0.15$。

针对三因素显著的交互作用，对情感图片效价在依恋回避者类型和刺激条件方面作简单效应检验。结果发现，无论是在威胁性刺激下还是在非威胁性刺激下，低回避者对积极情感信息效价的判断均显著快于对消极情感信息的效价判断，$P_s<0.05$；高回避者只有在威胁性刺激下对积极情感信息的效价判断（$M=593.19$，$SD=105.50$）显著快于对消极情感信息的效价判断（$M=636.14$，$SD=$

48.97），$F(1,68)=19.62$，$P<0.001$，$\eta^2=0.21$，而在非威胁性刺激条件下高回避者对于两种信息的效价判断不存在显著差异，$P>0.05$。具体结果见图 4-2 和图 4-3。

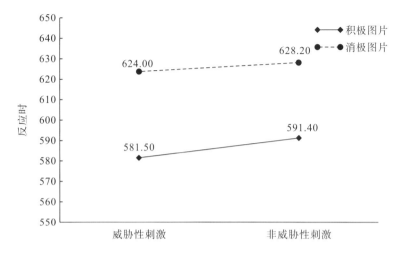

图 4-2　微笑面孔搜索下低回避者的效价判断反应时

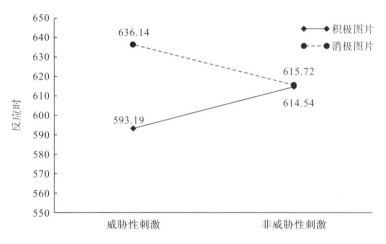

图 4-3　微笑面孔搜索下高回避者的效价判断反应时

（三）进行字母搜索时，被试对情感图片的效价判断反应时分析

针对字母的搜索任务，以依恋回避者类型为被试间变量，刺激条件和情感图片效价为被试内变量，以对情感图片的效价判断反应时为因变量，进行 2（依恋回避者类型：低回避者、高回避者）×2（刺激条件：威胁性刺激、非威胁性刺激）×2（情感图片效价：积极情感图片、消极情感图片）三因素重复测量方差分析，结果仅发现情感图片效价主效应显著，$F(1,68)=14.29$，$P<0.010$，$\eta^2=0.33$，对积极情感图

片的效价判断（M=606.56，　SD=55.24）显著快于对消极情感图片的效价判断（M=635.01，SD=89.70）。其余没有发现任何因素的主效应及因素之间的交互作用，P_s＞0.05。

四、讨论和结论

（一）对情绪效价判断的准确性

与研究的假设不一致，本研究的结果并没有发现被试对积极情感图片的判断正确率更高，而是相比于积极情绪信息，个体对消极情绪信息的判断正确率更高。因为积极情绪信息包含的是一种积极的效价，而消极情绪信息包含的是一种消极的效价，这样的结果说明，相比于积极情感，消极情感更容易被个体准确感知到。有研究者（杨丽珠等，2007）认为，积极情绪的存在是为了解决个人的成长和发展的问题，积极情感信息会给个体带来更积极和放松的情绪体验，并获得一系列个人资源，包括社会资源（友谊、社会支持网络）和心理资源（创造性、乐观）等；而消极情绪常被认为是人类进化过程中具有适应意义的产物，对消极情绪的识别有助于及时应对面临的危险。诸多研究都证实，机体对令人不愉快的消极情绪信息会表现出心理加工和行为反应上的优先效应（黄宇霞和罗跃嘉，2009），对消极情绪信息的准确判断是具有生态学意义的，因为个体准确锁定潜在的威胁性或负性的信息，才能够帮助他们迅速脱离危险（姜春萍和周晓林，2004）。

（二）高、低回避者积极情感启动的有效性

本研究发现，无论在何种刺激条件下，只要不存在应答性他人（字母搜索），则个体对积极情感信息的判断要快于对消极情感信息的判断。然而当存在应答性他人时（应答性微笑面孔搜索），高、低回避者对情感信息效价的感知就呈现出了差异。具体来说，无论在威胁性刺激下还是在非威胁性刺激下搜索应答性微笑面孔，低回避者对积极情绪信息的判断均显著快于对消极情绪信息的判断，而高回避者只有在面临威胁时搜索应答性微笑面孔才能够更快地对积极情绪进行判断。这说明无论是否面临威胁，应答性微笑面孔都能够启动低回避者的积极情绪，而对于高回避者而言，只有在面临威胁时，应答性微笑面孔才能够启动他们的积极情绪。

对于低回避者的表现，可能的解释是，由于应答性微笑面孔包含了积极的情绪效价，而低回避者本身对于情绪面孔的积极效价警觉性是较低的（Niedenthal et al.，2002），因此无论是否面临威胁，应答性的微笑面孔都能够促进低回避者对于相同效价的情绪信息（积极情绪信息）判断速度的提升，即有效启动了低回

避者的积极情感。但当没有面临威胁时，应答性的微笑面孔并未使高回避者获得积极情感启动，说明应答性微笑面孔本身的积极效价只有在面临威胁时才能够被高回避者自动感知到，这样的结果表明，威胁性刺激是依恋回避者获得积极情绪启动的前提条件。在没有面临威胁时，高回避者的表现可能是由于他们本身会倾向于减少对包含积极情绪效价的信息的加工(Vrticka，2012)，对拥有积极情绪效价的面孔存在着注意回避(马书采等，2013)，因此应答性微笑面孔不能够提升他们对相同效价的情绪信息(积极情绪信息)的判断速度，即不能获得积极情感启动。

（三）结论

综上，本研究的结论如下：第一，相比于积极情感，消极情感更容易被个体准确感知到。第二，无论是否面临威胁，应答性微笑面孔都能够启动低回避者的积极情绪，而对于高回避者而言，只有在面临威胁时，应答性微笑面孔才能够启动他们的积极情绪。

第二节　研究四：人际交往中的安全依恋情感启动

一、研究目的和假设

虽然研究三中所使用的情感图片同时包含了积极、消极情绪效价以及安全、不安全依恋情感，但是研究三的任务却只要求被试判断情感图片的效价，而并没有要求被试关注依恋语义。研究三的结果发现，在威胁下进行应答性微笑面孔搜索会启动高、低依恋回避者的积极情感。许多研究发现，对情感信息的效价判断和语义判断是相互独立的，也就是说，情绪启动和语义启动是独立于彼此的(蒋重清等，2012)。那么在同样的实验条件下，依恋回避者会如何评价研究三中的情感图片所包含的依恋语义呢？更具体地说，因为应答性微笑面孔包含安全依恋的意义，那么在同样的实验条件下，这是否会促进依恋回避者对于安全依恋情感信息的加工呢？

近年来，Beckes 等(2010)提出了一个观点，他们认为在威胁性情境中出现陌生他人的微笑面孔，会激活个体的依恋系统，加强他们与他人之间的情感联结，从而获得安全感。Nelson 和 Panksepp(1998)早在 20 世纪末就提出，大脑的社会情感系统包含两个子系统，一个是"分离-痛苦的子系统"，一个是"社会-奖赏/接触-舒适的子系统"。当个体面临威胁时，前一个子系统就会被激活，而这时如果出现了一个可以获得的他人，后一个子系统就被激活了，并对前一个子系统进行抑制。这时个体就会感到舒适、放松、安全，并最终与这个他人产生联结。基于这样的观点，Beckes 等(2010)展开了实验研究，他们在屏幕上以极快的速度呈现一张威胁性刺激图片(如蛇或是受重伤的人体)，或是一张中性刺激图片(如擀面杖或是野餐篮)，然后再呈现一张陌生人的微笑面孔赋予他们安全感，重复这样的过程，最后给被试呈现字母串，要求被试判断它是不是一个单词。结果发现，相对于中性图片，被试在威胁性刺激图片下，对于与安全依恋有关的单词反应更为迅速。对此他们的解释是，在威胁性情境下，如果能够得到他人持续的积极回应，则可以促使个体获得安全感，并产生与陌生他人之间的安全依恋情感联结，从而获得依恋安全感。

Beckes 等(2010)的研究设计非常巧妙地吻合了安全基地图式建立的"如果-那么"过程，即"如果我遇到某种障碍并产生了痛苦感，那么我向一个重要的他人求助，他可能是可获得并能提供支持的，对这个人亲近会让我感到安全、舒适和放松，随后我就可以继续从事其他的活动"。通过 Beckes 等(2010)的研究，可以发现安全基地图式激活的证据，并且他们发现安全依恋的产生对任何依恋类型的人都适用。

在探索依恋回避者安全依恋形成的过程中，研究一发现面临威胁时会促进依恋回避者对他人积极应答的注意；研究二发现当面临威胁时总能找到他人积极应答对依恋回避者调节自身的情绪有帮助；研究三发现面临威胁并获得他人积极应答会促进依恋回避者对积极情感信息的判断。在安全基地的建构环节中，威胁性刺激和他人应答是两个不可缺少的因素，对不安全依恋者来说，依恋对象长期的应答不一致、缺乏或无效，致使他们的安全基地图式会因为组织混乱、通达性较差而难以形成(Mikulincer et al.，2009)。本研究正是力图在这样的理论基础和前面几个研究的结论之上，进一步用面临威胁并获得他人积极应答的方式为依恋回避者建构安全基地图式，并探索安全基地图式的建构是否可以启动依恋回避者的安全依恋情感。本研究的实验程序与研究三相似，先让高、低回避者在威胁性或非威胁性刺激下反复进行应答性微笑面孔搜索或字母搜索，对应答性微笑面孔搜索的目的在于模拟与支持性他人之间的有效互动，是一种主动的过程，而字母搜索代表的是不存在他人应答的情形；接着让被试对情感信息的依恋语义进行判断，即判断所呈现的情感图片内容为安全依恋或不安全依恋。如果启动刺激能够促进个体对安全依恋情感信息进行更快地判断，则说明启动了安全依恋情感。值得注意的是，除了部分研究对象以及对情感图片进行判断的提示语不同，本研究的所有实验流程与研究三相同。有研究者认为，在同一时间、地点，采用相同的设备、实验材料、实验流程，以及同一批被试，进行情绪启动与语义启动实验，这样有利于发现二者的异同，也能够增强结果的说服力(蒋重清等，2012)。另外，除了对高、低回避者对依恋语义判断反应时的考察，本实验还考察了高、低回避者对于依恋语义判断的正确率，类似于效价判断正确率，语义判断正确率体现的是对依恋情感信息加工的准确性。

本研究假设：反复在威胁性刺激下搜索应答性的微笑面孔(启动刺激)，能够使高、低回避者对安全依恋情感信息(目标刺激)更快作出判断(即获得安全依恋情感启动)。

二、研究方法

(一)被试选择

本研究绝大部分被试与研究三相同，余下的被试筛选方法与研究一相同，最终筛选出低回避者 36 人(男性 19 人，女性 17 人，平均年龄 20.3 岁)，高回避者 27 人(男性 10 人，女性 17 人，平均年龄 20.5 岁)。与研究三类似，在本研究中，所有被试接受两种视觉搜索任务，一种是微笑面孔搜索(代表对应答性他人的寻找)，另一种是字母搜索(与微笑面孔搜索形成对照，代表无他人应答的情形)。所有参加实验的被试身心健康，裸视或矫正视力正常，均为右利手，且熟悉计算机操作，实验结束后均获得一定鼓励性报酬。

(二)实验设计

采用 $2 \times 2 \times 2 \times 2$ 四因素混合实验设计，各因素及水平如下所述。
(1)因素 1(依恋回避者类型，两个水平)：低回避者、高回避者。
(2)因素 2(刺激条件，两个水平)：威胁性刺激、非威胁性刺激。
(3)因素 3(搜索内容，两个水平)：微笑面孔搜索、字母搜索。
(4)因素 4(情感图片类型，两个水平)：安全依恋情感图片、不安全依恋情感图片。
因素 1(依恋回避者类型)为被试间变量，因素 2(刺激条件)、因素 3(搜索内容)、因素 4(情感图片类型)为被试内变量，因变量为对情感图片依恋语义判断的正确率和反应时。

(三)实验材料

本研究所有实验材料与研究三相同。

（四）实验程序

实验流程用 E-Prime 1.1 编制并呈现在一块 15 英寸的电脑显示屏上，被试坐在距离电脑屏幕约 60cm 处进行实验，并被告知在实验的整个过程中要尽量将目光集中在电脑屏幕所呈现的内容上面。

具体实验程序如下。

（1）请被试填写基本信息：姓名、性别、年龄、所属学院、联系方式等。

（2）请被试阅读"实验须知"，内容包含实验过程中的注意事项等。

（3）练习阶段。练习阶段是正式实验阶段前对实验流程的一个熟悉过程，本研究的实验由视觉搜索和依恋语义判断两部分任务构成，因此练习阶段也包含了这两部分任务。练习阶段由 10 个视觉搜索试次 + 8 个依恋语义判断试次构成。

练习阶段视觉搜索任务的一个试次包含以下一个序列：800ms 的注视点→100ms 的掩蔽→500ms 的空白屏→视觉搜索→1000ms 的空白屏。其中，前 5 个练习试次中进行字母搜索，后 5 个练习试次中进行微笑面孔搜索。字母搜索是以 3×3 形式呈现 9 张字母，其中 8 张为黑底白字，1 张为黑底黄字，同一次呈现的 9 个字母全部不相同。黑底黄字的字母在每一个试次中随机出现在除了正中间位置以外的其他 8 个位置上，指导语要求被试"单击鼠标以最快的速度选择与其他字母颜色不同的那个字母"。微笑面孔的搜索是以 3×3 形式呈现 9 张面孔图，其中 8 张中性（男性、女性各 4 张），1 张微笑面孔（男性或女性随机），微笑面孔在每一个试次中随机出现在除了正中间位置以外的其他 8 个位置上，指导语要求被试"单击鼠标以最快的速度选择微笑面孔，每次在选择的同时口中念出'温暖'一词，并想象所选择的面孔会带给自己一种温暖、安心的感觉"。练习阶段的微笑面孔搜索共包含 2 张微笑面孔（男性、女性微笑面孔各一张）。被试正确搜索到目标字母或微笑面孔后，才会进入下一个试次，否则停留在当前试次。

练习阶段依恋语义判断任务的一个试次包含以下一个序列：500ms 的注视点→情感图片呈现→被试按 F 键或 J 键作依恋语义判断→1000ms 反馈（正确或错误）。依恋语义判断任务的指导语如下："在屏幕中央会呈现一系列情感图片，图片内容与依恋有关。依恋最初的含义是幼儿和他的照料者（一般为父母）之间的一种特殊的情感关系，反映的是一种情感上的联结和纽带。后来研究者将依恋的概念拓展至成人，成人依恋关注的是夫妻或恋人之间的情感联结。本实验中的依恋图片有两类，一类是安全依恋图片，即图片内容反映的是正性的依恋情感，比如甜蜜的恋爱场景；另一类是不安全依恋图片，即图片内容反映的是消极的依恋情感，比如恋人之间争吵的场景。请你对图片的内容进行判断，图片内容反映的是安全依恋请按 F 键，反映的是不安全依恋请按 J 键。请你集中注意力，尽量又快又准地作出反应。"练习阶段的依恋语义判断任务共 8 个试次，包含安全依恋情感图片和不安全依恋情感图片各 2 张。

(4) 正式实验阶段。正式实验阶段总共包含 8 个实验组，在每一个实验组中，都包含视觉搜索和依恋语义判断两部分任务。在每一个实验组中，被试都需要先完成视觉搜索任务的所有试次，再完成依恋语义判断任务的所有试次。

正式实验阶段视觉搜索任务的一个试次包含以下一个序列：800ms 的注视点→33ms 的刺激图片呈现→100ms 的掩蔽→500ms 的空白屏→视觉搜索→1000ms 的空白屏。可以看出，与练习阶段的视觉搜索任务相比，正式实验阶段的视觉搜索任务多了一个阈下刺激图片呈现环节，其余都与练习阶段一样。具体而言，每名被试随机接收阈下呈现的一张威胁性图片或非威胁性图片作为启动刺激，其中威胁性图片被用来诱发被试的痛苦体验，而作为对照，非威胁性图片代表的是不存在威胁的情境。

正式实验阶段依恋语义判断任务的一个试次包含以下一个序列：500ms 的注视点→情感图片呈现→被试按 F 键或 J 键作依恋语义判断→1000ms 反馈(正确或错误)。在每个实验组中，依恋语义判断任务都包含两种依恋情感内容的图片(安全依恋情感图片、不安全依恋情感图片)各 2 张，每张图片进行 4 次依恋语义判断，同一张图片不会连续呈现超过 2 次。

正式实验阶段以 16 个视觉搜索试次 + 16 个依恋语义判断试次构成一个实验组，总共进行 8 个实验组。其中非威胁性刺激图片在第 1、2、5、6 个实验组中呈现，威胁性刺激图片在第 3、4、7、8 个实验组中呈现；第 1、3、5、7 个实验组进行的是字母搜索，第 2、4、6、8 个实验组进行的是微笑面孔搜索。做完 4 个实验组屏幕提示可休息一下，再继续进行余下的 4 个实验组。值得注意的是，每一次视觉搜索任务的 9 张图片搭配都各不相同，以消除由于熟悉而导致反应时缩短的效应。每个实验组中包含 E-Prime 1.1 程序自动记录被试在依恋语义判断任务中的正误和反应时。

(5) 实验结束后，主试简单询问被试对被掩蔽的刺激图片的印象，没有人报告对刺激图片有明显的知觉。主试感谢被试的参与，并给予其一定报酬。

在本实验中，被试对视觉搜索中的微笑面孔(或字母)图片和依恋语义判断中的情感图片之间的关系并不知情，这就使得他们不可能有意识地操控自己的表现而影响实验结果。

本研究的正式实验流程图(举例)如图 4-4 所示。

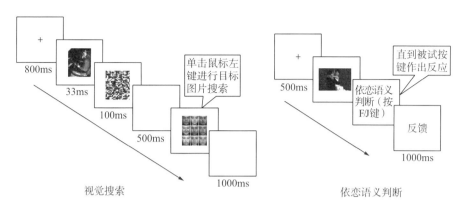

图 4-4　正式实验流程图

三、实验结果分析

将被试所回答的 ECR 中的各项信息用 EpiData 3.1 全部录入，再导出至 SPSS 21.0 进行分析，筛选出所有符合本实验要求的依恋回避者(低回避者和高回避者)。将正式实验阶段过程中收集到的数据也导出至 SPSS 21.0 进行分析，练习阶段的数据不进行分析。

(一)被试对情感图片的依恋语义判断正确率分析

被试对情感图片的依恋语义判断正确率情况如表 4-4 所示。

表 4-4　被试对情感图片的依恋语义判断正确率

依恋回避者类型	搜索内容	威胁性刺激		非威胁性刺激	
		安全依恋情感图片	不安全依恋情感图片	安全依恋情感图片	不安全依恋情感图片
低回避者 (n=36)	微笑面孔搜索	0.983±0.021	0.979±0.023	0.979±0.023	0.983±0.024
	字母搜索	0.987±0.016	0.995±0.012	0.990±0.011	0.997±0.008
高回避者 (n=27)	微笑面孔搜索	0.977±0.015	0.989±0.016	0.983±0.018	0.989±0.016
	字母搜索	0.983±0.015	0.982±0.022	0.975±0.018	0.987±0.021

对原始数据进行 2(依恋回避者类型：低回避者、高回避者)×2(刺激条件：威胁性刺激、非威胁性刺激)×2(搜索内容：微笑面孔搜索、字母搜索)×2(情感图片类型：安全依恋情感图片、不安全依恋情感图片)四因素重复测量方差分析，结果没有发现任何因素的主效应及因素间存在显著的交互作用，$P_s > 0.05$。

(二)被试对情感图片的依恋语义判断反应时分析

在进行反应时数据分析之前，首先剔除了所有错误反应(即将安全依恋判断为不安全依恋，或者将不安全依恋判断为安全依恋）的数据（占所有反应的 1.54%）。接着，删除了反应时小于 150ms 以及大于 1500ms 的数据（占正确反应的 0.99%）（De Houwer et al.，2002）。

被试对情感图片的依恋语义判断反应时情况如表 4-5 所示。

表 4-5　被试对情感图片的依恋语义判断反应时　　　　　（单位：ms）

依恋回避者类型	搜索内容	威胁性刺激		非威胁性刺激	
		安全依恋情感图片	不安全依恋情感图片	安全依恋情感图片	不安全依恋情感图片
低回避者 (n=36)	微笑面孔搜索	662.19±58.90	739.48±80.15	733.59±101.73	715.58±65.75
	字母搜索	689.50±37.13	728.82±123.12	682.37±99.77	709.61±102.31
高回避者 (n=27)	微笑面孔搜索	674.25±37.88	728.73±65.33	718.43±65.22	714.90±57.88
	字母搜索	689.18±58.27	809.19±105.26	782.56±152.94	734.28±49.48

对原始数据进行 2（依恋回避者类型：低回避者、高回避者）×2（刺激条件：威胁性刺激、非威胁性刺激）×2（搜索内容：微笑面孔搜索、字母搜索）×2（情感图片类型：安全依恋情感图片、不安全依恋情感图片）四因素重复测量方差分析，得出各因素的主效应和交互作用，结果如表 4-6 所示。

表 4-6　被试对情感图片依恋语义判断反应时的重复测量方差分析

变异来源	自由度	F 值	P 值	效应量（η^2）
A（依恋回避者类型）	1	0.95	0.340	0.040
B（搜索内容）	1	0.50	0.490	0.020
C（刺激条件）	1	0.45	0.510	0.020
D（情感图片类型）	1	2.91	0.100	0.120
A×B	1	1.26	0.270	0.060
A×C	1	0.07	0.790	0.003
A×D	1	0.00	0.980	0.000
B×C	1	0.67	0.420	0.030
B×D	1	0.04	0.850	0.002
C×D	1	9.80	0.005	0.320
A×B×C	1	0.35	0.560	0.020
A×B×D	1	0.01	0.930	0.000
A×C×D	1	1.24	0.280	0.060
B×C×D	1	0.06	0.800	0.003
A×B×C×D	1	3.30	0.080	0.140

重复测量方差分析的结果显示，各因素主效应均不显著，$P_s > 0.05$；在两因素交互作用中，仅有刺激条件×情感图片类型交互作用显著，$F(1,61)=9.80$，$P < 0.010$，$\eta^2=0.320$；三因素和四因素交互作用不显著，$P_s > 0.050$。

（三）进行微笑面孔搜索时，被试对情感图片的依恋语义判断反应时分析

以依恋回避者类型为被试间变量，刺激条件和情感图片类型为被试内变量，以对情感图片的依恋语义判断反应时为因变量，进行 2（依恋回避者类型：低回避者、高回避者）×2（刺激条件：威胁性刺激、非威胁性刺激）×2（情感图片类型：安全依恋情感图片、不安全依恋情感图片）三因素重复测量方差分析，得出各因素的主效应和交互作用，结果如表 4-7 所示。

表 4-7　微笑面孔搜索时，被试对情感图片的依恋语义判断反应时的重复测量方差分析

变异来源	自由度	F 值	P 值	效应量（η^2）
A（依恋回避者类型）	1	0.02	0.910	0.002
B（刺激条件）	1	1.07	0.330	0.110
C（情感图片类型）	1	1.65	0.230	0.160
A×B	1	0.05	0.830	0.010
A×C	1	0.01	0.930	0.001
B×C	1	16.29	0.003	0.640
A×B×C	1	0.96	0.350	0.100

重复测量方差分析的结果显示，各因素主效应均不显著，$P_s > 0.05$；在两因素交互中，只有刺激条件×情感图片类型交互作用显著，$F(1,61)=16.29$，$P < 0.010$，$\eta^2=0.640$；三因素交互作用不显著，$P_s > 0.05$。

针对刺激条件×情感图片类型显著的交互作用，对刺激条件在情感图片类型上作简单效应检验。结果发现，对安全依恋情感图片，在威胁性刺激下的依恋语义判断反应时（$M=667.67$，$SD=48.46$）显著短于在非威胁性刺激下的依恋语义判断反应时（$M=726.70$，$SD=83.30$），$F(1,62)=7.65$，$P < 0.050$；对于不安全依恋情感图片，在威胁性刺激下的依恋语义判断反应时与在非威胁性刺激下的依恋语义判断反应时没有显著差异，$F(1,61)=0.78$，$P > 0.050$。具体结果见图 4-5。

针对刺激条件×情感图片类型显著的交互作用，对情感图片类型在刺激条件上作简单效应检验。结果发现，在非威胁性刺激下，对安全依恋情感图片和不安全依恋情感图片的依恋语义判断反应时没有显著差异，$F(1,61)=0.26$，$P > 0.050$；在威胁性刺激下，对安全依恋情感图片的依恋语义判断反应时（$M=667.67$，$SD=48.46$）显著短于对不安全依恋情感图片的依恋语义判断反应时（$M=734.59$，$SD=70.36$），

$F(1,61)=6.59$，$P<0.050$。具体结果见图 4-6。

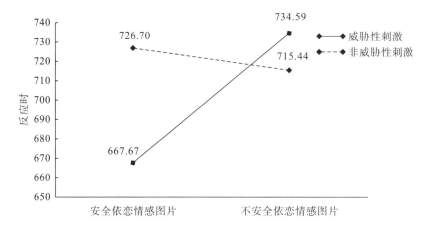

图 4-5　不同刺激条件下进行微笑面孔搜索的语义判断反应时对比

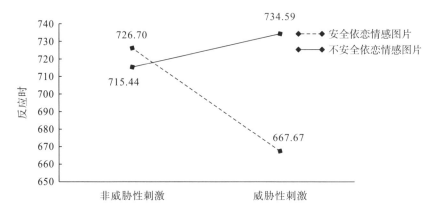

图 4-6　进行微笑面孔搜索时对不同情感图片类型的语义判断反应时对比

四、讨论和结论

(一)对依恋语义判断的准确性

研究三效价判断任务发现个体对消极情感信息的感知更准确，但本研究中对依恋语义的判断发现，不安全依恋主题虽然包含的是消极情感信息，但它与包含积极情感信息的安全依恋情感图片能够同样准确地被个体感知到，换句话说，个体对安全依恋情感图片和不安全依恋情感图片的判断正确率没有显著差异。这说明个体对情感信息的效价和语义的感知是独立的。有研究专门比较过对情感信息语义加工和效价判断的先后顺序、表现的强弱等内容，支持了在情感启动上，语义判断和情绪效价判断是相对独立的这一事实(蒋重清等，2012)。关于个体对情感信息的语义启动和情绪启动的分离，Mikulincer 和 Shaver（2005）就发现，对于来自依恋对象的积极或消极情绪，个体会自动将其评价为与依恋有关或是与依恋无关，然后以不同的方式去进行感知和理解。

对依恋情感的感知方面，还有一项研究考察了个体如何感知伴侣对依恋情感关系的看法，结果发现，只有高焦虑的男性在感知这类依恋情感时出现了较低的准确性，其他被试均没有表现出对伴侣的安全依恋和不安全依恋情感感知准确性的差异（Tucker and Anders，1999）。

由此可见，与低回避者一样，高回避者对于安全依恋和不安全依恋情感的判断准确性没有差异，并且他们对情感信息的情绪效价和依恋情感语义的评价是相分离的。

（二）安全基地图式重构与依恋回避者的安全依恋情感启动

在一项研究中，研究者用到的安全依恋启动方法是让被试在 4×4 的面孔矩阵中，从负性情绪面孔中搜索出代表接纳和关爱的微笑面孔，而控制组的任务是从七个花瓣的花朵中找出五个花瓣的花朵（Dandeneau et al.，2007）。与之类似，本研究采用让被试从中性面孔中搜索应答性微笑面孔的方式进行安全基地的激活，以此作为安全依恋启动的方法，而控制组采用从若干字母中搜索颜色不同的那个字母的方法。其中，对应答性微笑面孔进行搜索的意义在于，寻找他人的支持时能够得到积极的应答，而对字母进行搜索的意义在于与之形成对照，即不存在他人应答的情形。

在 Bowlby（1973）的依恋理论中，一个基本的理念就是，在面临威胁时与一个可获得的支持性他人进行的互动可以促进个体产生对于安全依恋情感的感知，这就是 Sroufe 和 Waters（1977）所称的"依恋安全感"。Mikulincer 和 Shaver（2003）认为，安全的依恋情感联结需要通过反复在威胁下激活依恋系统而获得，而他人的积极应答和支持对于依恋安全感的获得是不可或缺的因素。依恋回避者在人际交往中难以获得安全感，通常是由于早期失败的依恋经历中作为安全基地的支持性他人不可获得所导致的。虽然不安全依恋者难以获得依恋安全感，但研究者认为具体的经历会对依恋安全感的形成产生影响，不安全依恋者如果在特定情境下通过真实或想象能够获得他人的支持和应答，也能够产生依恋安全感（Baldwin et al.，1996）。

安全依恋启动是使个体获得安全感的有效途径（李彩娜等，2013），本研究通过反复在面临威胁时获得他人积极应答的方式为依恋回避者重构安全基地图式，并证实了安全基地图式的建构的确能够启动依恋回避者的安全依恋情感。具体而言，在本研究中，安全基地图式的建构包含了一个重复提供威胁和应答的过程，因为安全依恋情感联结的产生必定不是偶尔的一次安全感的激活就能完成的，而必定包含一个依恋系统重复激活的过程（Mikulincer and Shaver，2003）。本研究证实了安全基地图式建构对依恋回避者的积极作用，说明新的安全依恋关系的产生可能包含了一个安全感不断习得的过程。本研究没有发现字母搜索时的安全依恋启动效应，但是发现对于安全依恋情感图片的判断，在威胁性刺激下进行微笑面孔搜索比在非威胁性刺激下进行微笑面孔搜索时判断更快，而对不安全依恋情感图片的判断在两种刺激条件下进行微笑面孔搜索时表现却是相似的。这说明在有他人积极应答时，威胁提高了个体对安全依恋情感的敏感性，却不能提高个体对不安全依恋情感的敏感性。这样的结果与Bowlby（1973）的理论是相符的，即面临威胁时如果能够寻找到支持性的他人对自己的需求进行回应，那么这种有效的互动则可以促进个体对于安全依恋的感知。本研究结果与Pierce和Lydon（1998）的发现也存在一致性，即高回避者能够与低回避者等其他依恋类型者一样获得对安全依恋相似的感知。

本研究还发现，在没有面临威胁时进行应答性微笑面孔搜索，个体对安全依恋情感和不安全依恋情感不能有效进行区分，而在面临威胁时进行应答性微笑面孔搜索，个体对安全依恋情感的分辨会比对不安全依恋情感的分辨更快。这样的结果说明，应答性微笑面孔本身并不能够启动依恋回避者的安全依恋情感，而反复在威胁下进行应答性微笑面孔的搜索才能够启动依恋回避者的安全依恋情感。换句话说，如果在面临威胁时，总是能够寻找到他人的积极应答，则能够有效启动高、低回避者的安全依恋情感。

本研究进一步论证了Nelson和Panksepp（1998）有关大脑情感系统理论中关于"社会-奖赏/接触-舒适的子系统"对"分离-痛苦的子系统"产生抑制从而使个体获得安全感的论述，并且也印证了Beckes等（2010）研究中依恋安全感产生的过程。根据依恋理论（Bowlby，1969），威胁或挫折会使得个体变得脆弱，而这有可能是促使安全依恋形成最重要的驱动力，换句话说，单单是被温暖以待并不会使个体与给予自己温暖回应的个体之间建立起安全感，而在逆境中感到自己受到了保护才有可能是依恋安全感获得的原因（Beckes et al.，2010）。

(三)结论

综上，本研究的结论如下：第一，安全依恋情感信息和不安全依恋情感信息能够同样准确地被个体感知到；第二，在有他人积极应答时，威胁提高了个体对安全依恋情感的敏感性，但不能提高个体对不安全依恋情感的敏感性；第三，反复在威胁性刺激下搜索应答性微笑面孔，能够使高、低回避者均获得安全依恋情感启动。

第三节　研究五：人际交往中安全依恋
启动对行为倾向的影响

一、研究目的和假设

按照早期的行为动机理论，不同的个体从与亲密有关的经历中获得愉快感的倾向存在着差异(McClelland，1987)，这种与亲密有关的积极经历越有益，个体则会对其有更强的欲求动机(Schultheiss，2008)。在个体日常的社交中，常会接触到不同的他人，并建立一定的情感联结。在这个过程中，个体是依照他们与依恋对象的交往模式与陌生人建立情感关系，还是说他们的行为倾向会受到他人不同情感回应的影响呢？由于高回避者与亲密有关的经历总是令他们感到失望，这使得他们逐渐对他人的回应不再抱有期待，因此他们难以体验到愉快感，也难以对亲密情感拥有欲求的动机或行为。然而研究四发现，在面临威胁时他人的积极应答能够启动依恋回避者的安全依恋情感。研究发现，在特定的情境下激活依恋安全感可以使个体产生与长期拥有依恋安全感的个体(安全依恋者)类似的行为。例如，Pierce 和 Lydon(1998)发现，当面临威胁时，呈现与亲密感有关的词汇可以促进个体对支持性他人的寻找以及减少其对自我否认策略的使用，而这一结果不受到个体依恋类型的影响。那么，用反复在威胁性刺激下搜索应答性微笑面孔的方法使依恋回避者产生安全依恋情感，这能否为高回避者的行为倾向带来某些变化呢？

趋近-回避任务(AAT)范式(Rinck and Becker，2007)已被证明是研究行为倾向这种内隐和自动化过程的一种有效的方法(Dewitte and De Houwer，2008)。在一个典型的 AAT 范式中，每一次向被试呈现一个目标，被试的任务是尽可能快地用一台操纵杆做出推远或拉近的动作，以表示对目标做出回避或者趋近的行为，同时屏幕上以目标缩小或放大象征性地表示目标的远离或靠近。一些研究表明，回避行为与让事物远离自己有关，而趋近行为与让事物接近自己有关(Chen and Bargh，1999)。研究表明，情感信息与趋近或回避行为之间有着密不可分的关系(Neumann et al.，2014)。通常来说，情感信息的效价会影响个体对它的行为倾向(趋近或回避)(Maio et al.，2012)，积极的效价导致趋近的行为倾向，消极的效价导致回避的行为倾向(Brenner and Vogel，2015)，这一观点已经在过往的研究中反复得到过验证。比如，在一项早期的研究中，被试被要求将写有情绪词汇的卡片向自己拉近或推远，结果发现，被试对愉快词汇卡的拉近速度快于对不愉快词汇卡的拉近速度，对不愉快词汇卡的推远速度快于对愉快词汇卡的推远速度。与此类似的一项研究要求被试通过推、拉操纵杆来评估电脑屏幕中出现的词汇是"坏的"或"好的",结果发现被试在看到积极情绪词时会更快地拉操纵杆,而看到消极的情绪词时会更快地推操纵杆(Chen and Bargh,1999)。当然,AAT 范式不限于对情感信息的行为倾向进行研究,它的适用性非常广泛,例如有研究者用 AAT 范式考察了对某种事物有特殊恐惧的个体对该事物的行为倾向(Klein et al.,2011),还有研究用 AAT 范式来设计训练任务,用于训练社交焦虑个体对社交情感的趋近行为(Rinck et al.,2013)。此外,在 AAT 范式的使用中,不是所有研究都用到了对操纵杆进行控制的方法来搜集被试趋/避行为的数据资料,甚至有研究者认为在操纵杆的使用中,手臂的伸缩具有模棱两可的含义,因此作为改进,他们让被试用按键的方式进行操作,并通过让屏幕中的目标向被试靠近或远离的方式来获得趋/避行为的数据资料(Van et al.,2008)。另有研究者也指出,在趋/避任务中,目标和被试之间相对距离的变化比被试的手臂动作变化更能起到作用(van Peer et al.,2010)。

本研究在研究四的基础上,用趋近-回避任务(AAT)范式(Rinck and Becker,2007)作为研究方法,旨在从行为层面考察通过安全基地图式重构使依恋回避者获得的安全依恋启动能否促使他们产生对安全依恋情感信息的趋近行为。本研究假设:用反复在威胁性刺激下搜索应答性微笑面孔的方法进行安全基地图式的重构,高、低回避者均能够对安全依恋情感信息表现出明显的趋近行为倾向。

二、研究方法

(一)被试选择

本研究被试的筛选方法同研究一,最终筛选出低回避者 34 人(男性 19 人,女性 15 人,平均年龄 22.9 岁),高回避者 30 人(男性 18 人,女性 12 人,平均年龄 22.5 岁)。与研究四类似,在本研究中,所有被试也需要接受两种视觉搜索任务,一种是微笑面孔搜索(代表对应答性他人的寻找),另一种是字母搜索(与微笑面孔搜索形成对照,代表无他人应答的情形)。所有参加实验的被试身心健康,裸视或矫正视力正常,均为右利手,且熟悉计算机操作,实验结束后均获得一定鼓励性报酬。

(二)实验设计

采用 2×2×2×2 四因素混合实验设计,各因素及水平如下所述。
(1)因素 1(依恋回避者类型,两个水平):低回避者、高回避者。
(2)因素 2(刺激条件,两个水平):威胁性刺激、非威胁性刺激。

(3)因素 3(搜索内容,两个水平):微笑面孔搜索、字母搜索。

(4)因素 4(情感图片类型,两个水平):安全依恋情感图片、不安全依恋情感图片。

因素 1(依恋回避者类型)为被试间变量,因素 2(刺激条件)、因素 3(搜索内容)、因素 4(情感图片类型)为被试内变量,因变量为正确反应下的趋近量(即 AAT 值),用回避反应时减去趋近反应时得到 AAT 值。AAT 值如果为负,则表明存在回避的行为倾向;AAT 值如果为正,则表明存在趋近的行为倾向。

(三)实验材料

除了包括研究三材料(1)~(5)外,还包括以下两种材料。

(1)依恋情感图片:从研究四的 36 张依恋情感图片中选取 32 张依恋情感图片,其中安全依恋情感图片和不安全依恋情感图片各 16 张。

(2)中性图片:从网络上初选出 60 张与依恋无关的中性图片,用 Photoshop 统一处理,调至与依恋情感图片相同的大小、亮度和分辨率(400×266 dpi),采用黑白色。随后,利用问卷星平台将图片编制成问卷形式呈现,共邀请了 23 名评价者对图片进行评价,其中男性 5 人、女性 18 人,年龄在 17~30 岁,平均年龄 23.6 岁。所有评价者身心健康,裸视或矫正视力正常。评价维度包括愉悦度、唤醒度、内容相关度,等级评定从 1 到 9,1 表示维度得分的最低值,9 表示维度得分的最高值。愉悦度评定图片中的场景让人感到越愉快,则评分越高,反之越低。唤醒度评定:看到这个场景觉得兴奋或提不起精神,如果感到越兴奋评分则越高,反之越低。内容相关度评定:图片内容越能反映出与依恋相关的信息,则评分越高,反之越低。最终选出 10 张中性图片。图片选择标准:在愉悦度和唤醒度两个维度上,所选出的图片与模糊等级 5 不存在显著差异,$P_s > 0.05$;内容相关度分数显著小于模糊等级 5,$P < 0.05$。

(四)实验程序

实验流程用 E-Prime 1.1 编制并呈现在一块 15 英寸的电脑显示屏上,被试坐在距离电脑屏幕约 60cm 处进行实验,并被告知在实验的整个过程中要尽量将目光集中在电脑屏幕所呈现的内容上面。

具体实验程序如下。

(1)请被试填写基本信息:姓名、性别、年龄、所属学院、联系方式等。

(2)请被试阅读"实验须知",内容包含实验过程中的注意事项等。

(3)练习阶段。练习阶段是正式实验阶段前对实验流程的一个熟悉过程,本研究的实验由视觉搜索和趋/避反应两部分任务构成,因此练习阶段也包含了这两部分任务。练习阶段由 10 个视觉搜索试次 + 20 个趋/避反应试次构成。

练习阶段视觉搜索任务与研究四相同，即每一个视觉搜索试次包含以下一个序列：800ms 的注视点→100ms 的掩蔽→500ms 的空白屏→视觉搜索→1000ms 的空白屏。其中，前 5 个练习试次中进行字母搜索，后 5 个练习试次中进行微笑面孔搜索。在练习阶段的趋/避反应任务中，被试完成对中性图片的趋近或回避反应。每张中性图片被包含在灰色或黑色的图片框内，实验指导语要求一半的被试在看到灰框图片时按 F 键作出趋近反应，看到黑框图片时按 J 键作出回避反应，另一半的被试作出相反的反应。指导语告知被试当其作出趋近反应时，屏幕中的图片会随之逐渐变大，表示接近被试本人；当其作出回避反应时，屏幕中的图片会随之逐渐变小，表示远离被试本人。练习阶段趋/避反应任务的一个试次包含以下一个序列：500ms 的注视点→中性图片呈现→被试按 F 键或 J 键作趋/避反应→1000ms 反馈（正确或错误）。被试作出正确反应后图片大小发生变化，接着直接进入下一个试次，作出错误反应后屏幕中央出现"错误"作为反馈，时间为 1000ms，然后进入下一个试次。趋/避反应的练习共 20 个试次，包含 10 张中性图片，灰框、黑框各一半。选择中性图片进行趋/避是为了有效避免练习对正式实验结果的影响。

（4）正式实验阶段。正式实验阶段总共包含 8 个实验组，在每一个实验组中，都包含视觉搜索和趋/避反应两部分任务。在每个实验组中，被试需要先完成视觉搜索任务的所有试次，再完成趋/避反应任务的所有试次。

正式实验阶段视觉搜索任务的一个试次与研究四相同，即每一个视觉搜索试次包含以下一个序列：800ms 的注视点→33ms 的刺激图片呈现→100ms 的掩蔽→500ms 的空白屏→视觉搜索→1000ms 的空白屏。可以看出，与练习阶段的视觉搜索任务相比，正式实验阶段的视觉搜索任务多了一个阈下刺激图片呈现环节，其余都与练习阶段一样。

正式实验阶段趋/避反应任务的一个试次包含以下一个序列：500ms 的注视点→依恋情感图片呈现→被试按 F 键或 J 键作趋/避反应→1000ms 反馈（正确或错误）。在每个实验组中，趋/避反应任务都包含两种类型的图片（安全依恋情感图片、不安全依恋情感图片）各 2 张，每张图片进行 4 次趋/避反应，同一张图片不会连续呈现超过 2 次。

正式实验阶段以 16 个视觉搜索试次 + 16 个趋/避反应试次构成一个实验组，总共进行 8 个实验组。其中非威胁性刺激图片在第 1、2、5、6 个实验组中呈现，威胁性刺激图片在第 3、4、7、8 个实验组中呈现；第 1、3、5、7 个实验组进行的是字母搜索，第 2、4、6、8 个实验组进行的是微笑面孔搜索。做完 4 个实验组屏幕提示可休息一下，再继续进行余下的 4 个实验组。值得注意的是，每一次视觉搜索任务的 9 张图片搭配都各不相同，以消除由于熟悉而导致反应时缩短的效应。每个实验组中包含 E-Prime 1.1 程序自动记录被试在趋/避反应任务中的正误和反应时。

(5)实验结束后,主试简单询问被试对被掩蔽的刺激图片的印象,没有人报告对刺激图片有明显的知觉。主试感谢被试的参与,并给予其一定报酬。

在本实验中,被试对视觉搜索中的微笑面孔(或字母)图片和趋/避反应中的情感图片之间的关系并不知情,这就使得他们不可能有意识地操控自己的表现而影响实验结果。

本研究的正式实验流程图(举例)如图 4-7 所示。

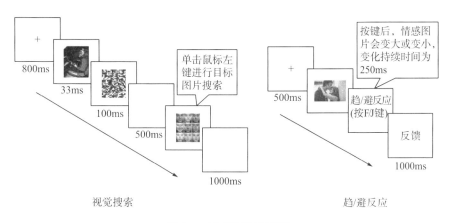

图 4-7　正式实验流程图

三、实验结果分析

将被试所回答的 ECR 中的各项信息用 EpiData 3.1 全部录入,再导出至 SPSS 21.0 进行分析,筛选出所有符合本实验要求的依恋回避者(低回避者和高回避者)。将正式实验阶段过程中搜集到的数据也导出至 SPSS 21.0 进行分析,练习阶段的数据不进行分析。

(一)被试对依恋情感图片的趋近量分析

在进行趋近量数据分析之前,首先剔除了所有错误反应(即在要求按键趋近时进行了按键回避,或者在要求按键回避时进行了按键趋近)的数据(占所有反应的3.04%),接着删除了反应时小于200ms以及大于均值两个标准差及以上的数据(占正确反应的 1.24%)(Klein et al.,2011)。

被试对依恋情感图片的趋近量情况如表 4-8 所示。

表 4-8　　被试对依恋情感图片的趋近量（AAT 值）

依恋回避者类型	搜索内容	威胁性刺激		非威胁性刺激	
		安全依恋情感图片	不安全依恋情感图片	安全依恋情感图片	不安全依恋情感图片
低回避者（n=34）	微笑面孔搜索	17.23±41.03	−9.34±46.63	−3.11±45.30	5.49±46.85
	字母搜索	2.65±44.66	−8.80±54.76	−7.29±42.92	4.20±59.38
高回避者（n=30）	微笑面孔搜索	17.06±35.81	−9.41±54.00	−0.48±54.83	3.86±48.45
	字母搜索	−3.61±33.20	−1.47±32.93	−6.21±61.01	−13.41±39.70

对原始数据进行 2（依恋回避者类型：低回避者、高回避者）×2（刺激条件：威胁性刺激、非威胁性刺激）×2（搜索内容：微笑面孔搜索、字母搜索）×2（情感图片类型：安全依恋情感图片、不安全依恋情感图片）四因素重复测量方差分析，得出各因素的主效应和交互作用，结果如表 4-9 所示。

表 4-9　　被试对依恋情感图片趋近量的重复测量方差分析

变异来源	自由度	F 值	P 值	效应量（η^2）
A（依恋回避者类型）	1	0.150	0.830	0.002
B（刺激条件）	1	0.690	0.410	0.010
C（搜索内容）	1	4.040	0.048	0.050
D（情感图片类型）	1	0.240	0.620	0.003
A×B	1	0.300	0.590	0.004
A×C	1	0.190	0.660	0.002
A×D	1	0.280	0.600	0.003
B×C	1	0.010	0.940	0.000
B×D	1	3.420	0.047	0.040
C×D	1	0.002	0.960	0.000
A×B×C	1	0.130	0.720	0.002
A×B×D	1	0.100	0.750	0.001
A×C×D	1	0.590	0.450	0.010
B×C×D	1	4.000	0.049	0.050
A×B×C×D	1	0.540	0.460	0.010

重复测量方差分析结果显示，搜索内容主效应显著，$F(1,62)=4.040$，$P<0.050$，$\eta^2=0.050$，微笑面孔搜索下（$M=4.52$，SD$=47.75$）的趋近量显著大于字母搜索下的

趋近量(*M*=-6.33，SD=46.38)；在二因素交互中，刺激条件×情感图片类型交互作用显著，$F_{(1,62)}$=3.420，$P<0.05$，η^2=0.040；三因素交互中，刺激条件×搜索内容×情感图片类型交互作用显著，$F_{(1,62)}$=4.000，$P<0.050$，η^2=0.050；其他因素的主效应以及因素之间的交互作用均不显著，$P_s>0.05$。

(二)低回避者对依恋情感图片的趋近量分析

针对低回避者，进行 2 (刺激条件：威胁性刺激、非威胁性刺激)×2 (搜索内容：微笑面孔搜索、字母搜索)×2(情感图片类型：安全依恋情感图片、不安全依恋情感图片)三因素重复测量方差分析,结果没有发现任何因素的主效应以及因素之间的交互作用，$P_s>0.05$。

将各种条件下的趋近量与 0 值进行比较，趋近量为 0 表明不存在任何趋近或回避动机，趋近量显著大于 0 表明存在显著的趋近动机，趋近量小于 0 表明存在显著的回避动机。单样本 t 检验发现，在威胁性刺激下进行微笑面孔搜索时，低回避者对安全依恋情感图片的趋近量(*M*=17.23，SD=41.03)显著大于 0，$t_{(33)}$=2.06，P=0.051，Cohen d=0.42；其他任何条件下，低回避者对安全依恋情感图片或不安全依恋情感图片都没有显著的趋近或回避动机，$P>0.050$。

(三)高回避者对依恋情感图片的趋近量分析

针对高回避者，进行 2 (刺激条件：威胁性刺激、非威胁性刺激)×2 (搜索内容：微笑面孔搜索、字母搜索)×2 (情感图片类型：安全依恋情感图片、不安全依恋情感图片)三因素重复测量方差分析,得出各因素的主效应和交互作用,结果如表 4-10 所示。

表 4-10 高回避者对依恋情感图片趋近量的重复测量方差分析

变异来源	自由度	*F* 值	*P* 值	效应量(η^2)
A (刺激条件)	1	0.800	0.380	0.020
B (搜索内容)	1	3.130	0.080	0.070
C (情感图片类型)	1	0.001	0.980	0.000
A×B	1	0.080	0.780	0.002
A×C	1	1.310	0.260	0.030
B×C	1	0.370	0.550	0.010
A×B×C	1	4.170	0.048	0.090

  重复测量方差分析的结果显示，各因素主效应均不显著，$P_s>0.05$；两因素交互作用也不显著，$P_s>0.05$；三因素交互作用显著，$F(1,28)=4.170$，$P<0.050$，$\eta^2=0.090$。

  针对刺激条件×搜索内容×情感图片类型三者显著的交互作用，对情感图片类型在搜索内容和刺激条件上作简单效应分析。结果发现，在威胁性刺激下进行微笑面孔搜索时，高回避者对安全依恋图片的趋近量（$M=17.06$，$SD=35.81$）显著大于对不安全依恋情感图片的趋近量（$M=-9.41$，$SD=54.83$），$F(1,28)=4.33$，$P<0.050$，$\eta^2=0.100$；其余情况下，高回避者对安全依恋情感图片和不安全依恋情感图片的趋近量均不存在显著差异，$P_s>0.05$。

  将各种条件下的趋近量与0值进行比较，趋近量为0表明不存在任何趋近或回避动机，趋近量显著大于0表明存在显著的趋近动机，趋近量小于0表明存在显著的回避动机。单样本t检验发现，只有在威胁性刺激下进行微笑面孔搜索时，高回避者对安全依恋情感图片的趋近量（$M=17.06$，$SD=35.81$）显著大于0，$t(29)=2.33$，$P<0.050$，Cohen $d=0.48$；其他任何条件下，高回避者对安全依恋情感图片或不安全依恋情感图片都没有显著的趋近或回避动机，$P>0.05$。高回避者在字母搜索条件下和微笑面孔搜索条件下对依恋情感信息的行为倾向分别见图4-8和图4-9。值得注意的是，从图4-8中可以看出，在没有他人应答的情况下（字母搜索），高回避者对于依恋情感信息的趋近量全部小于0，虽然分析没有发现其中有任何的统计显著性，但这样的结果至少说明在没有他人应答的情况下，高回避者对于依恋情感信息存在一种回避的趋势。

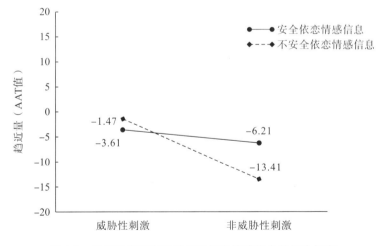

图4-8 字母搜索下高回避者对依恋情感信息的行为倾向

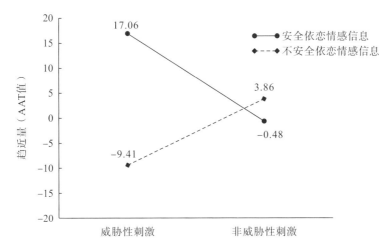

图 4-9　微笑面孔搜索下高回避者对依恋情感信息的行为倾向

四、讨论和结论

(一)高回避者对情感信息的普遍回避

本研究发现，在没有应答性他人支持的情形下(字母搜索)，依恋回避者对依恋情感信息存在普遍的回避，他们的这种回避倾向不会因为自己是否面临威胁而发生改变。这样的结果与之前的一些研究结果是一致的(马书采等，2013)，并且与依恋回避者惯用抑制激活策略的论述(Main，1990)是一致的，依恋回避者通常会抑制与依恋有关的信息，回避这种令他们感到不舒服的依恋情感，因为与依恋有关的信息会唤起依恋回避者相应的情感体验，而这种情感体验是与记忆中的内部工作模式中的情绪属性相联系的(胡平和关瑜，2007)。为了避免依恋系统激活带来的消极情绪体验，依恋回避者限制了对可能引起他们消极情绪的依恋信息的加工，采取回避的行为模式能够为他们带来内心的宁静和和谐，因而具有情绪调节的价值和意义(马书采等，2011)。虽然依恋回避者也会回避其他情感信息，但依恋意义越强的情感信息受到依恋回避者回避的可能性越高(马书采等，2011)。依恋回避者的这种行为模式对他们自身有一定的保护作用，对消极情感的抑制和回避有助于避免产生令人痛苦的体验，而对积极情感的抑制和回避能够防止对新异和不确定信息进行探索，因为这种探索很可能又会激活依恋系统，使他们再次陷入曾经经历过的那种挫败感中(钟歆和陈旭，2016)。

(二)高回避者依恋行为倾向的可变性

研究四的结果表明，反复在威胁性刺激下搜索应答性微笑面孔，能够使依恋回避者获得安全依恋情感的启动，而本研究通过引入行为倾向研究范式(AAT 范式)，进一步证实了安全依恋启动有助于高、低回避者产生趋近安全依恋情感信息的行为倾向。具体而言，在面临威胁但又总是能够寻找到应答性他人的情况下，高、低回避者的表现是相似的，即高回避者会像低回避者那样，对安全依恋情感信息表现出明显趋近的行为倾向。为什么会出现这样的情况呢? 事实上，高回避者是一个矛盾的集合体。Bowlby(1988)曾指出，依恋回避者不能或不愿在意识上承认或表达自己对于爱的感受，事实上他们并不是不想接近依恋对象，而是在他们的成长过程中，当他们向母亲寻求亲密情感联结的时候反复遭到拒绝或得不到回应，因此他们逐渐学会了抑制这种寻求亲密感的自然趋势(Ainsworth et al.，1978)。久而久之，他们学会了选择性地忘记、弱化或掩饰过去的不愉快经历，比如曾遭受照料者的虐待等(Slade，1999)，并且倾向于将自己的父母描述成理想化的样子，尽管事实上并非如此(Hesse，1999)。但本研究结果表明，如果在每次面临威胁时，高回避者都能够有效地寻找到能够给予自己积极应答的他人(安全基地图式重构)，则可以帮助他们重新建立起积极有益的依恋经历，从而使他们产生对安全依恋情感信息的趋近行为。

　　Carver 和 Scheier(1990)曾阐释了来自外界环境的信息和个体自身的目标之间的关系，他们认为个体的行为要么是为了缩小环境信息输入和自身目标之间的差距(趋近)，要么是为了加大这两者之间的差距(回避)。趋近行为和回避行为分别与欲求和厌恶相联系，在韦氏词典中，欲求(appetitive)的本意是"朝某处行进，争取"，而厌恶(aversive)的本意就是"从某处远离"。因此，欲求意味着会产生趋近，而厌恶意味着会产生回避(Marsh et al.，2005)。厌恶和欲求被认为是大脑中的两种主要的动机系统，是更加复杂的情绪回应的基础(Lang et al.，1997)。从本研究的结果来看，与亲密关系有关的积极经历使得高回避者像低回避者那样，产生了对亲密和安全依恋关系更强的欲求动机及行为倾向(Schultheiss，2008)，因此，本研究的结果证明了高回避者对依恋情感信息的行为倾向是能够发生改变的，通过重构安全基地图式的方式启动依恋回避者的安全依恋情感，使得依恋回避者的行为倾向从一种普遍的回避倾向转变为能够对安全依恋情感产生趋近。

　　(三)积极情感应答对高回避者行为倾向的影响

　　本研究还发现，对于高回避者而言，只有反复在威胁性刺激下搜索应答性微笑面孔时，对两类依恋情感信息的趋近量之间的差异才表现出来，表现为对安全依恋情感信息的趋近量显著大于对不安全依恋情感信息的趋近量。为什么高回避者会有这样的表现呢? 有研究表明，他人高水平的积极支持和应答可以起到安慰作用，成功对抗高回避者的防御和回避行为(Girme et al.，2015)。类似的是，Overall

等(2013)在其实验中让个体和其依恋对象就某个与依恋相关的话题进行讨论,并用录像全程记录,在讨论中,要求双方每隔 30 秒分别对自己当前的情绪进行评估,根据评估的内容对个体的行为倾向作出预测。结果发现,如果感到自己受到依恋对象带来的压力,高回避者会表现出对依恋关系更高程度的愤怒和回避倾向,他们防御性的反应更容易导致讨论以失败告终;而当依恋对象带着一种更柔和的情感说话的时候,高回避者的愤怒和回避程度都降低了。由此可见,他人的情感应答方式如果更加积极,那么可能会预示着高回避者更高水平的安全依恋体验,因而他们可能越不容易出现对于安全依恋情感信息的回避行为。然而,并没有研究表明在面临威胁时他人积极的情感应答会减少高回避者对不安全依恋情感信息的回避行为,这可能就是在威胁性刺激下对应答性微笑面孔进行搜索会使高回避者表现出对于安全依恋情感信息和不安全依恋情感信息的趋近量存在差异的原因。

(四)结论

综上,本研究的结论如下:第一,在没有应答性他人的情形下,高回避者对依恋情感信息存在普遍的回避,他们的这种回避倾向不会因为自己是否面临威胁而发生改变;第二,高回避者的依恋行为倾向可以获得改变,通过重构安全基地图式的方式,高、低回避者均能够对安全依恋情感信息产生明显的趋近行为倾向;第三,他人积极的情感应答会对高回避者的行为产生积极影响。

第三部分

大学生人际关系
促进的干预

第五章 大学生人际关系促进的实验训练干预

第一节 研究六：大学生安全依恋行为倾向训练

一、研究目的和假设

研究四通过反复在威胁性刺激下搜索应答性微笑面孔的方法，实现了对高回避者的安全依恋启动，研究五发现，安全依恋启动使得高回避者对安全依恋情感信息产生了趋近的行为倾向。然而在实际的人际交往中，每次面临威胁时寻求他人的帮助和支持都能获得成功是不太可能的，而这对于高依恋回避者而言无疑是不利于他们获得依恋安全感的。研究发现，个体通过对亲密情感的趋近来获得快乐是存在着差异的，这种差异取决于在个体的早期经历中，向他人寻求亲密感在多大程度上是有益的或者是会受到惩罚的(McClelland，1987)。对于高回避者而言，早期依恋关系中习得的经验就已经使得他们对亲密感的寻求不再感兴趣，这时如果在实际的人际交往中面临威胁时仍然不能获得他人的积极应答，就可能会强化他们对依恋情感的回避行为，从而使他们无法建立起新的安全的依恋关系。

有研究者认为，新异的情境如果包含与亲密有关的愉快意义，个体就会将其与积极情感联系起来(Dufner et al.，2015)。安全依恋情感信息就是一种包含与亲密有关的愉快意义的情境，那么有没有什么方法能够对高回避者进行干预，使他们从行为表现上对安全依恋情感产生趋近，并且从中获得人际交往的积极情绪体验呢？

由于趋近或者回避行为倾向都是一种内隐和自动化的过程，因此对于这种行为倾向就需要用一种间接的方法来进行考察，趋近-回避任务(AAT)范式(Rinck and Becker，2007)正是研究此过程的一种有效的方法。Rinck 等(2013)采用 AAT 范式对社交焦虑者的行为倾向进行了训练，训练他们总是趋近微笑面孔或者总是回避微笑面孔，并对训练的有效性进行了检验。结果发现，接受趋近微笑面孔训练的社交焦虑者，他们对于微笑面孔的回避行为有了改善，具体而言，与训练前相比，在训练后他们对微笑面孔表现出了明显的趋近；而接受回避微笑面孔训练的社交焦虑者，他们对微笑面孔表现出了更明显的回避。

对于高回避者而言，他们对依恋情感信息的回避倾向是否也可以通过训练得到改变呢？为了弄清这一问题，本研究借鉴了训练社交焦虑者行为倾向的方法，对高回避者的趋近和回避倾向进行人为操纵。具体而言，本研究尝试着用 AAT 范式来训练高回避者对安全依恋情感信息进行趋近或者进行回避，作为对照，同时训练他们对中性信息进行趋近或回避。本研究旨在探究行为倾向训练是否能够导致高回避者本身对于安全依恋情感信息的行为倾向发生改变。

本研究对训练的有效性进行了积极的预测，本研究假设：对安全依恋情感信息的趋近或回避训练会导致高回避者对安全依恋情感信息明显地趋近或回避行为倾向，对中性信息的趋近或回避训练会导致高回避者对中性信息明显地趋近或回避行为倾向。

二、研究方法

(一)被试选择

本研究被试的筛选方法同研究一，最终筛选出高回避者 44 人(男性 30 人，女性 14 人，平均年龄 22.7 岁)。所有被试被随机分配到两个训练任务组中(一组接受趋近安全依恋情感图片、回避中性图片的训练，另一组接受回避安全依恋情感图片、趋近中性图片的训练)，每组 22 人，训练前、后分别测查了两组被试的情绪状态以及对情感图片的趋近量。所有参加实验的被试身心健康，裸视或矫正视力正常，均为右利手，且熟悉计算机操作，实验结束后均获得一定鼓励性报酬。

(二)实验设计

采用 2×2×2 三因素混合实验设计，各因素及水平如下所述。
(1)因素 1(组别，两个水平)：趋近组、回避组。
(2)因素 2(任务阶段，两个水平)：训练前、训练后。
(3)因素 3(情感图片类型，两个水平)：安全依恋情感图片、中性图片。
因素 1(组别)为被试间变量，其余为被试内变量。因变量为正确反应下的趋近量(即 AAT 值)，用回避反应时减去趋近反应时得到 AAT 值。AAT 值如果为负，则表明存在回避的行为倾向；AAT 值如果为正，则表明存在趋近的行为倾向。

(三)实验材料

(1)亲密关系经历量表(ECR)：同研究一。
(2)安全依恋情感图片：从研究五中的安全依恋情感图片中选择 10 张作为本实验的实验材料。

(3)中性图片：同研究五。

(4)当前情绪评估：被试对当前的情绪状态进行一个等级评定，积极情绪的评价包含三个项目，即现在你在多大程度上感到温暖、舒适、放松；消极情绪的评价包含三个项目，即现在你在多大程度上感到焦虑、紧张、厌倦。评分从 0 到 6(0=一点儿也不，6=极度地)(Rinck et al.，2013)。

（四）实验程序

实验流程用 E-Prime1.1 编制并呈现在一块 15 英寸的电脑显示屏上，被试坐在距离电脑屏幕约 60cm 处进行实验，并被告知在实验的整个过程中要尽量将目光集中在电脑屏幕所呈现的内容上面。其中一组被试(趋近组，22 人，男性 15 人，女性 7 人)在训练阶段进行对安全依恋情感图片的趋近和对中性图片的回避训练，另一组被试(回避组，22 人，男性 15 人，女性 7 人)在训练阶段进行对安全依恋情感图片的回避和对中性图片的趋近训练。

实验程序如下：

(1)请被试填写基本信息：姓名、性别、年龄、所属学院、联系方式等。

(2)请被试阅读"实验须知"，内容包含实验过程中的注意事项等。

(3)请被试完成对当前情绪状态的第 1 次评估(情绪评估 1)。

(4)实验操作部分。本实验包含三个阶段，即训练前阶段、训练阶段、训练后阶段。在实验全过程中，情绪图片被包含在灰色或黑色的图片框中呈现在屏幕正中央，被试被告知这是一项根据图片框的颜色对图片进行分类的任务。实验指导语要求一半的被试在看到灰框图片时按 F 键，看到黑框图片时按 J 键。指导语告知被试当按 F 键时，屏幕中的图片随之逐渐变大，表示趋近被试本人；当按 J 键时，屏幕中的图片随之逐渐变小，表示回避被试本人。另一半的被试根据指导语要求作出相反的反应，同时图片的大小变化也相反。被试按键作出一次反应记为一个试次。

两组被试在训练前阶段和训练后阶段的任务是相同的，区别在于训练阶段任务的不同。在训练前阶段(40 个试次)，安全依恋图片和中性图片被包含在灰色或黑色的图片框中随机呈现(其中，安全依恋情感图片+灰框、安全依恋情感图片+黑框、中性图片+灰框、中性图片+黑框 4 种组合各 10 个试次)。随后，实验在没有任何间断并且被试也没有任何察觉的情况下自然过渡到训练阶段(240 个试次)。在训练阶段，安全依恋情感图片和中性图片随机呈现，但同类图片的外框颜色是固定的，换句话说，安全依恋情感图片始终被包含在灰色框中，中性图片始终被包含在黑色框中(或安全依恋情感图片始终被包含在黑色框中，中性图片始终被包含在灰色框中)。因此，根据实验预设好的程序，趋近组被试始终让安全依恋情感图片接近自己(趋近反应，120 个试次)，让中性图片远离自己(回避反应，120 个试次)，而回避组被试始终让中性图片接近自己(趋近反应，120 个试次)，让安全依恋情感图片远离自己(回避反应，120 个试次)。随后，依然是没有明显间断或转折迹象，实验从训练阶段过渡到训练后阶段(40 个试次)，训练后阶段与训练前阶段的任务是一样的。在实验的每一个阶段中，同样的一张图片不会连续呈现超过 2 次。实验操作完成后，被试第 2 次完成对当前情绪状态的评估(情绪评估 2)。

三、实验结果分析

将被试所回答的 ECR 中的各项信息用 EpiData 3.1 全部录入，再导出至 SPSS 21.0 进行分析，筛选出所有符合本实验要求的高回避者。将实验过程中搜集到的数据也导出至 SPSS 21.0 进行分析。

趋近组和回避组各有一名被试的数据因错误率高于 20%而被剔除。因此，总共对 42 人的实验数据进行了统计，每组各 21 人。在分析数据之前，首先剔除了所有错误反应(即在要求按键趋近时进行了按键回避，或者在要求按键回避时进行了按键趋近)的数据(占所有反应的 3.07%)，接着，删除了反应时小于 200ms 以及大于均值两个标准差及以上的数据(占正确反应的 1.63%)(Klein et al.，2011)。

(一)被试对图片的趋近量分析

被试对图片的趋近量情况如表 5-1 所示。

表 5-1   被试对图片的趋近量(AAT 值)

组别	训练前		训练后	
	安全依恋情感图片	中性图片	安全依恋情感图片	中性图片
趋近组(n=21)	-12.02±63.74	5.04±63.08	26.93±58.98	-15.21±69.19
回避组(n=21)	-3.88±62.25	-4.61±66.88	-26.18±55.42	15.60±70.78

对原始数据进行 2 (组别：趋近组、回避组)×2 (任务阶段：训练前、训练后)×2 (情感图片类型：安全依恋情感图片、中性图片)三因素重复测量方差分析，得出各因素的主效应和交互作用，结果如表 5-2 所示。

表 5-2　被试对图片趋近量的重复测量方差分析

变异来源	自由度	F 值	P 值	效应量(η^2)
A(组别)	1	0.05	0.83	0.001
B(任务阶段)	1	0.19	0.66	0.010
C(情感图片类型)	1	0.16	0.69	0.004
A×B	1	0.40	0.53	0.010
A×C	1	5.26	0.03	0.120
B×C	1	0.15	0.70	0.004
A×B×C	1	6.85	0.01	0.150

重复测量方差分析的结果显示，各因素主效应均不显著，$P_s>0.05$；在两因素交互中，组别×情感图片类型交互作用显著，$F(1,40)=5.26$，$P<0.050$，$\eta^2=0.120$；组别×任务阶段×情感图片类型三因素交互作用显著，$F(1,40)=6.85$，$P<0.050$，$\eta^2=0.150$。

(二)行为倾向训练的效果分析

针对组别×任务阶段×情感图片类型三因素显著的交互作用，对组别在任务阶段和情感图片类型上作简单效应分析。结果发现，训练前，对于中性图片的趋近量，两组没有显著差异，$F(1,40)=0.23$，$P>0.05$；训练前，对于安全依恋情感图片的趋近量，两组没有显著差异，$F(1,40)=0.18$，$P>0.05$。训练后，对于中性图片的趋近量，趋近组($M=-15.21$,SD=69.19)显著小于回避组($M=15.60$,SD=70.78)，$F(1,40)=3.93$，$P<0.05$，$\eta^2=0.09$；训练后，对于安全依恋情感图片的趋近量，趋近组($M=26.93$，SD=58.98)显著大于回避组($M=-26.18$,SD=55.42)，$F(1,40)=9.04$，$P<0.05$，$\eta^2=0.18$。

针对组别×任务阶段×情感图片类型三因素显著的交互作用，对情感图片类型在组别和任务阶段上作简单效应分析。结果发现，对于趋近组(图 5-1)，在训练前对安全依恋情感图片和中性图片的趋近量没有显著差异，$F(1,40)=0.11$，$P>0.05$；对于趋近组，在训练后对安全依恋情感图片的趋近量($M=26.93$，SD=58.98)显著大于对中性图片的趋近量($M=-15.21$,SD=69.19)，$F(1,40)=5.40$，$P<0.05$，$\eta^2=0.14$。对于回避组(图 5-2)，在训练前对安全依恋情感图片和中性图片的趋近量没有显著差异，$F(1,40)=0.17$，$P>0.05$；对于回避组，在训练后对安全依恋情感图片的趋近量($M=-26.18$，SD=55.42)显著小于对中性图片的趋近量($M=15.60$，SD=70.78)，$F(1,40)=5.85$，$P<0.05$，$\eta^2=0.15$。

单样本 t 检验发现，训练后，趋近组对安全依恋情感图片的趋近量显著大于 0，$t(20)=2.09$，$P<0.05$，Cohen $d=0.46$，回避组对安全依恋情感图片的趋近量显著

小于 0，$t(20)=-2.16$，$P<0.05$，Cohen $d=0.47$；其余情况下，两组被试在训练前和训练后阶段对于安全依恋情感图片和中性图片的趋近量与 0 值均不存在显著差异，$P_s>0.05$。

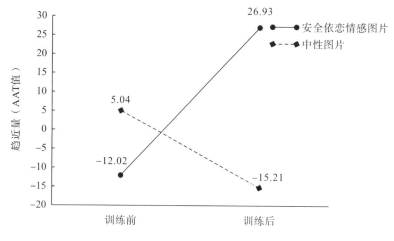

图 5-1　趋近组的行为倾向

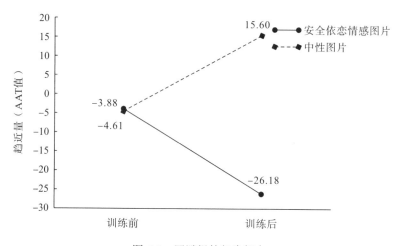

图 5-2　回避组的行为倾向

（三）依恋回避均分对趋近量的预测作用分析

由于训练前两组被试所进行的任务是相同的，因此考察高回避者的回避均分与训练前对两类图片的趋近量之间的关系时就将所有被试作为一个整体来考察，而不是将两个组分开考察。具体而言，以回避维度均分为自变量，分别以训练前所有被试对安全依恋情感图片和中性图片的趋近量为因变量，建立相应的回归方程，考察回避均分与高回避者对两类图片趋近量之间的关系。结果发现，高回避者的回避分数对中性图片的趋近量没有显著的预测作用（$\beta=0.22$，$P=0.17$，$\Delta R^2=0.05$），但高回避者的回避分数对安全依恋情感图片的趋近量有较显著的负向预测作用（$\beta=-0.30$，$P=0.052$，$\Delta R^2=0.07$）。

由于训练后两组被试对图片的趋近量呈现出差异（前面已经分析过），因此需要分别考察回避均分与训练后各组对两类图片的趋近量之间的关系。具体而言，以回避维度均分为自变量，分别以训练后各组对安全依恋情感图片的趋近量和对中性图片的趋近量为因变量，建立相应的回归方程，考察回避均分与高回避者在接受了不同的训练任务后对两类图片趋近量之间的关系。结果发现，高回避者的回避分数可负向预测回避组对于安全依恋情感图片的趋近量（$\beta=-0.44$，$P=0.05$，$\Delta R^2=0.15$），而其余情况下回归系数均不显著，$P_s>0.05$。

四、讨论和结论

（一）行为倾向训练的有效性

在本研究中，由于训练前阶段两组被试所接受的实验任务是相同的，因此组与组之间在对安全依恋图片的趋近量以及对中性图片的趋近量上表现都是相似的，并且各组内部对安全依恋图片和中性图片趋近量之间也是没有明显差异的。而在经过行为倾向的训练后，两组被试对安全依恋情感图片的趋近量出现了差异（表现为在对安全依恋情感图片的趋近量上，趋近组显著大于回避组），对中性图片的趋近量也出现了差异（表现为在对中性图片的趋近量上，回避组显著大于趋近组），说明训练导致了被试组别的差异；同时，在经过行为倾向训练后，在两组被试内部分别表现出了对安全依恋情感图片的趋近量和对中性图片的趋近量之间的差异，表现为趋近组对安全依恋情感图片的趋近量显著大于对中性图片的趋近量，而回避组对中性图片的趋近量显著大于对安全依恋情感图片的趋近量，说明训练导致了被试对不同情感信息行为倾向的差异。

除此之外，从总体来看，在训练前阶段，两组被试对安全依恋情感图片和中性图片都不存在明显的趋近或者回避的行为倾向，这可能是由于两类图片所包含的信息均与被试自身的依恋情感状况没有直接关系；而在经过训练后，趋近组对安全依恋情感图片表现出明显的趋近行为倾向，回避组对安全依恋情感图片表现出明显的回避行为倾向。然而，趋近组虽然也接受了回避中性图片的训练，但训练后他们并没有对中性图片表现出明显的回避行为倾向；回避组虽然也接受了趋近中性图片的训练，但训练后他们也并没有对中性图片表现出明显的趋近行为倾向。这样的结果表明，趋近组所接受的趋近安全依恋情感图片的训练效果尤其突出，而回避组所接受的回避安全依恋情感图片的训练效果尤其突出，但对中性图片的趋近或回避训练收效均不显著。换句话说，相较于中性信息，高回避者对安全依恋情感信息趋近和回避的行为倾向更容易得到训练。

这样的结果不仅证实了高回避者依恋行为倾向的可变性，同时也证明了 AAT 范式在训练高回避者并使其产生对安全依恋情感的趋近行为上是一种有效的方法。

(二)回避分数的预测作用

本研究发现，在训练前阶段，在依恋回避维度得分越高的个体，其对安全依恋情感信息的趋近程度越小。在训练后阶段，仅发现在接受安全依恋情感信息的回避训练(回避组)后，依恋回避维度得分越高的个体，对安全依恋情感信息的趋近量越小(即回避程度越大)。换句话说，对高回避者而言，其依恋回避程度越高，安全依恋情感信息的回避训练效果就越好，说明他们越容易产生对安全依恋情感信息的回避行为。而高回避者的依恋回避程度不会对安全依恋情感信息的趋近训练效果产生影响，这说明，经过对安全依恋情感信息的趋近训练，所有高回避者都可以同等程度地趋近安全依恋情感。除此之外，对中性信息的趋近或者回避训练的效果也都不受高回避者依恋回避程度差异的影响。

对于这样的结果，可能的解释是，高回避者本身对于安全依恋情感信息都存在着一种普遍的回避倾向，并且依恋回避程度越高，这种回避倾向越明显(马书采等，2011)。因此，如果再接受回避训练，则更进一步地促进了他们的回避倾向，使得他们对依恋情感信息表现出更大的回避。

(三)结论

综上，本研究的结论如下：第一，高回避者能够通过行为训练产生对安全依恋情感信息的趋近行为；第二，趋近-回避任务(AAT)范式是训练高回避者依恋行为的有效范式；第三，相较于中性信息，高回避者对安全依恋情感信息的趋近和回避行为倾向更容易得到训练；第四，高回避者的依恋回避程度越高，越容易产生对安全依恋情感信息的回避行为；第五，高回避者通过行为训练产生了趋近安全依恋情感信息的行为，训练的效果不会受到依恋回避程度的影响。

第二节　研究七：对训练效果的验证

一、研究目的和假设

本研究在研究六的基础上，对研究六的结果进行进一步的效果验证。本研究主要目的在于：①探索行为倾向训练的效果能否在相似情境下得到维持；②行为倾向训练是否会在高回避者与陌生他人进行人际交往的过程中对其情绪产生积极影响。本研究假设：①对高回避者进行趋近或回避安全依恋情感信息的训练，训练效果均可以在相似的经验中得到维持；②对安全依恋情感信息的趋近训练可以使高回避者在新的人际互动过程中体验到更加积极的情绪。

二、研究方法

（一）被试选择

同研究六。

（二）实验设计

采用 2×2 两因素混合实验设计，各因素及水平如下所述。
(1)因素 1(组别，两个水平)：趋近组、回避组。
(2)因素 2(情感图片类型，两个水平)：安全依恋情感图片、中性图片。
因素 1(组别)为被试间变量，因素 2(情感图片类型)为被试内变量，因变量为正确反应下的趋近量(即 AAT 值)。

（三）实验材料

(1)安全依恋情感图片：根据研究三中依恋情感图片的筛选方法和标准，选择与研究六不同的 10 张安全依恋情感图片作为本研究的实验材料。
(2)中性图片：根据研究五中中性图片的筛选方法和标准，选择与研究六不同的 10 张中性图片作为本研究的实验材料。
(3)当前情绪评估：评估内容同研究六。
(4)想象任务：想象自己在飞机上坐在一位陌生人旁边，写下自己将会怎样与这位陌生人进行交流，并写下自己对这种人际互动的看法(Mikulincer and Nachshon，1991)。

（四）实验程序

本研究是对研究六训练效果的验证。正式实验操作的实验任务与研究六中的训练前阶段和训练后阶段的任务相同，但是用到了与研究六完全不同的 10 张安全依恋情感图片和 10 张中性图片，并且将图片框换成了红色和蓝色，将按键换成了 G 键和 K 键。被试按照指导语的提示，根据图片框的颜色按 G 键或 K 键作出反应，图片会随之接近或远离被试本人，表示向其趋近或对其回避。其中，安全依恋图片+红框、安全依恋图片+蓝框、中性图片+红框、中性图片+蓝框 4 种组合各

40 个试次，共计 160 个试次。实验操作完成以后，被试对自己当前的情绪状态进行第 3 次评估(情绪评估 3)。接着，主试要求被试完成一项想象任务，具体而言，想象自己在飞机上坐在一位陌生人旁边，写下自己将会怎样与这位陌生人进行交流，并写下自己对这种人际互动的看法。最后，被试对自己当前的情绪状态进行第 4 次评估(情绪评估 4)。

三、实验结果分析

将实验过程中搜集到的数据导出至 SPSS 21.0 进行分析。在分析数据之前，首先剔除了所有错误反应(即在要求按键趋近时进行了按键回避，或者在要求按键回避时进行了按键趋近)的数据(占所有反应的 2.88%)，接着删除了反应时小于 200ms 以及大于均值两个标准差及以上的数据(占正确反应的 1.55%)(Klein et al.，2011)。

(一)被试对图片的趋近量分析

被试对图片的趋近量情况如表 5-3 所示。

表 5-3　被试对图片的趋近量(AAT 值)

组别	安全依恋情感图片	中性图片
趋近组(n=21)	23.89 ±44.01	−10.70±55.47
回避组(n=21)	−25.18±55.53	−3.28±48.57

对原始数据进行 2 (组别：趋近组、回避组)×2 (情感图片类型：安全依恋情感图片、中性图片)两因素重复测量方差分析，得出各因素的主效应和交互作用，结果如表 5-4 所示。

表 5-4　被试对图片趋近量的重复测量方差分析

变异来源	自由度	F 值	P 值	效应量(η^2)
A(组别)	1	1.92	0.170	0.05
B(情感图片类型)	1	1.07	0.310	0.03
A×B	1	9.74	0.003	0.20

重复测量方差分析的结果显示，组别主效应不显著，$F(1,40)=1.92$，$P>0.050$；情感图片类型主效应不显著，$F(1,40)=1.07$，$P>0.050$；组别×情感图片类型交互

作用显著，$F(1,40)=9.74$，$P<0.010$，$\eta^2=0.20$。

　　针对组别×情感图片类型显著的交互作用，对组别在情感图片类型上作简单效应检验。结果发现，对中性图片的趋近量，趋近组和回避组没有显著差异，$F(1,40)=1.04$，$P>0.050$；对安全依恋情感图片的趋近量，趋近组（$M=23.89$，$SD=44.01$）显著大于回避组（$M=-25.18$，$SD=55.53$），$F(1,40)=10.03$，$P<0.010$，$\eta^2=0.20$。

　　针对组别×情感图片类型显著的交互作用，对情感图片类型在组别上作简单效应检验。结果发现，趋近组对安全依恋情感图片的趋近量（$M=23.89$，$SD=44.01$）显著大于对中性图片的趋近量（$M=-10.70$，$SD=55.47$），$F(1,40)=8.64$，$P<0.01$，$\eta^2=0.18$；回避组对安全依恋情感图片的趋近量与对中性图片的趋近量没有显著差异，$F(1,40)=2.18$，$P>0.05$。具体结果见图 5-3。

　　单样本 t 检验发现，趋近组对安全依恋情感图片的趋近量显著大于 0，$t(20)=2.08$，$P<0.05$，Cohen $d=0.45$，回避组对安全依恋情感图片的趋近量显著小于 0，$t(20)=-2.49$，$P<0.05$，Cohen $d=0.54$。

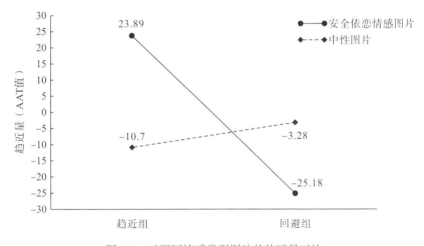

图 5-3　对不同情感类型图片的趋近量对比

（二）情绪分数的变化分析

　　用积极情绪评估三个项目（温暖、舒适、放松）的总分减去消极情绪评估三个项目（焦虑、紧张、厌倦）的总分得到情绪分数（Rinck et al., 2013）。将研究六和研究七结合起来看，两组被试在四次情绪评估中的情绪分数及标准差见表 5-5。

表 5-5　两组被试在不同时点的情绪分数

组别	情绪评估 1	情绪评估 2	情绪评估 3	情绪评估 4
趋近组 (n=21)	1.58±0.45	1.52±0.48	1.68±0.47	2.14±0.56
回避组 (n=21)	1.42±0.63	1.23±0.39	1.31±0.45	1.26±0.40

　　以组别和情绪评估时点为自变量，以情绪分数为因变量，对原始数据进行 2 (组别：趋近组、回避组)×4 (情绪评估时点：情绪评估 1、情绪评估 2、情绪评估 3、情绪评估 4)两因素重复测量方差分析，得出各因素的主效应和交互作用，结果如表 5-6 所示。

表 5-6　被试情绪分数的重复测量方差分析

变异来源	自由度	F 值	P 值	效应量 (η^2)
A (组别)	1	9.82	0.005	0.29
B (情绪评估时点)	3	3.08	0.048	0.30
A×B	3	3.13	0.046	0.30

　　重复测量方差分析的结果显示，组别主效应显著，$F(1,40)=9.82$，$P<0.010$，$\eta^2=0.29$；情绪评估时点主效应显著，$F(1,40)=3.08$，$P<0.050$，$\eta^2=0.30$；组别×情绪评估时点交互作用显著，$F(1,40)=3.13$，$P<0.050$，$\eta^2=0.30$。

　　针对组别和情绪评估时点显著的交互作用，对组别在情绪评估时点上作简单效应分析，结果发现，在情绪评估 1、情绪评估 2 上，趋近组和回避组的情绪分数没有显著差异，$P_s>0.05$；在情绪评估 3 上，趋近组的情绪分数 ($M=1.68$, $SD=0.57$) 显著大于回避组的情绪分数 ($M=1.31$, $SD=0.45$)，$F(1,41)=4.29$，$P<0.05$，$\eta^2=0.15$；在情绪评估 4 上，趋近组的情绪分数 ($M=2.14$, $SD=0.56$) 也显著大于回避组的情绪分数 ($M=1.26$, $SD=0.40$)，$F(1,41)=17.13$，$P<0.001$，$\eta^2=0.42$。对情绪评估时点在组别上作简单效应分析，结果发现，对趋近组而言，情绪评估 1 ($M=1.58$, $SD=0.45$)、情绪评估 2 ($M=1.52$, $SD=0.48$)、情绪评估 3 ($M=1.68$, $SD=0.57$) 分别显著小于情绪评估 4 ($M=2.14$, $SD=0.56$) 的情绪分数，$P_s<0.05$，而情绪评估 1、情绪评估 2、情绪评估 3 两两之间差异不显著，$P_s>0.05$；对回避组而言，情绪评估 1 ($M=1.42$, $SD=0.63$)、情绪评估 2 ($M=1.23$, $SD=0.39$)、情绪评估 3 ($M=1.31$, $SD=0.45$)、情绪评估 4 ($M=1.26$, $SD=0.40$) 的情绪分数两两之间均不存在显著差异，$P_s>0.05$。具体结果见图 5-4。

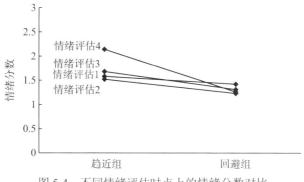

图 5-4　不同情绪评估时点上的情绪分数对比

四、讨论和结论

研究六的结果已经证实，对安全依恋情感信息进行趋近或回避训练可以使高回避者对安全依恋情感产生趋近或回避的行为倾向，如果训练确实反映出的是行为倾向的改变，那么这种训练效果是否可以在相似的经验中得到保持呢？是否因为接受了趋近安全依恋情感信息的训练，高回避者就会在人际互动过程中产生更加积极的情绪吗？这就是本研究旨在回答的问题。

（一）行为倾向训练效果的持续性

将研究六和研究七结合起来看，在研究六中，训练后两组被试对安全依恋情感图片的趋近量出现了差异，表现为在对安全依恋情感图片的趋近量上，趋近组显著大于回避组；在研究七中，这种差异仍然存在，说明由对安全依恋情感图片的趋近训练和回避训练所导致的行为倾向差异在相似情境中得到了维持。在研究六中，训练后两组被试对中性图片的趋近量也出现了差异，表现为在对中性图片的趋近量上，回避组显著大于趋近组；然而在研究七中，这种差异消失了，两个组对中性图片的趋近量不再有显著差异，这说明由对中性图片的趋近训练和回避训练所导致的行为倾向差异在相似情境中未能够得到维持。

与此同时，在研究六中，训练后，趋近组对安全依恋情感图片的趋近量显著大于对中性图片的趋近量；在研究七中，这种差异仍然存在，说明由趋近安全依恋情感训练所导致的对安全依恋情感图片和中性图片趋近量之间的差异在相似情境中得到了维持。在研究六中，训练后，回避组对中性图片的趋近量显著大于对安全依恋情感图片的趋近量；在研究七中，这种差异消失了，回避组对安全依恋情感图片和对中性图片的趋近量之间不再有显著差异，说明由回避安全依恋情感训练所导致的对安全依恋情感图片和中性图片趋近量之间的差异在相似情境中未能够得到维持。

　　除此之外，由于趋近组在研究六中接受的是趋近安全依恋情感图片而回避中性图片的训练，已知趋近安全依恋情感图片的训练使得该组被试对安全依恋情感信息产生了明显的趋近，而回避中性图片的训练未能使该组被试对中性信息产生明显的行为倾向(研究六)，在训练效果的验证实验中(研究七)，该组被试仍然对安全依恋情感信息表现出了明显的趋近而对中性信息没有表现出明显的行为倾向。这样的结果表明，进行趋近安全依恋情感图片的训练使得高回避者对安全依恋情感信息产生了趋近的行为倾向，这种效果在相似情境中得到了维持；而进行回避中性图片的训练并未使得高回避者对中性信息产生明显的趋近或回避的行为倾向。由于回避组在研究六中接受的是回避安全依恋情感图片而趋近中性图片的训练，已知回避安全依恋情感图片的训练使得该组被试对安全依恋情感信息产生了明显的回避，而趋近中性图片的训练未能使该组被试对中性信息产生明显的行为倾向(研究六)，在训练效果的验证实验中(研究七)，该组被试仍然对安全依恋情感信息表现出了明显的回避而对中性信息没有表现出明显的行为倾向。这样的结果表明，进行回避安全依恋情感图片的训练使得高回避者对安全依恋情感信息产生了回避的行为倾向，这种效果在相似情境中得到了维持；而进行趋近中性图片的训练并未使得高回避者对中性信息产生明显的趋近或回避的行为倾向。

　　综合研究六和研究七的结果可见，对于安全依恋情感信息而言，无论是对其进行趋近训练还是回避训练，都是有效的，而且训练效果可以在相似的经验中得到保持；而对于中性信息而言，无论是对其进行趋近训练还是回避训练，训练的效果都不明显且不具有持续性。

(二)行为倾向训练对高回避者在人际交往中情绪的影响

　　情绪评估 1 是在研究六开始前进行的，情绪评估 2 是在研究六的训练任务结束后、研究七的实验任务开始前进行的，情绪评估 3 是在研究七实验任务结束后进行的，对每组被试内部而言，在这三个时点上的情绪分数是非常近似的。情绪评估 4 是在想象任务结束以后进行的，趋近组内部在这个时点上的情绪分数显著高出前三个时点上的情绪分数，而回避组内部在这个时点上的情绪分数与前三个时点没有显著差异。这说明想象任务使得趋近组的情绪状态发生了变化，使他们产生了更加积极的情绪，而想象任务没有使回避组的情绪状态发生变化。为什么同样的想象任务，仅仅只有趋近组的情绪状态发生了变化而回避组的情绪状态没有改变呢？究其原因，这两组的区别仅在于之前所接受的训练任务不同，然而训练任务本身没有直接导致被试情绪状态发生变化，因此可以认为，可能是训练任务通过影响想象任务从而影响到了被试的情绪状态。更具体而言，对安全依恋情感信息的趋近训练可能使高回避者获得了依恋安全感，这种依恋安全感渗透到与他人的人际互动过程(在本研究中是对这一过程的想象)中，从而使其获得更积极的情绪。以往，研究者普遍认为，依恋回避者在社交场合中更加缺乏积极的情绪体验(Cohen and Shaver，2004)，并且更倾向于认为日常社交是无趣和乏味的(Tidwell et al.，1996)。然而本研究通过行为训练使依恋回避者获得安全依恋行为倾向的同时，也证实了依恋回避者在社交中产生积极情绪的可能性。

(三)结论

本研究结论如下：第一，对高回避者进行趋近或回避安全依恋情感信息的训练，训练效果均可以在相似的经验中得到维持；第二，对安全依恋情感信息的趋近训练可以使高回避者在新的人际互动关系中获得更积极的情绪体验。

第六章 大学生人际关系促进的团体辅导干预

第一节 人际关系团体辅导的相关概述

团体辅导(group counseling)，也称为团体心理辅导，是基于团体动力学的一种心理辅导和教育形式。团体动力指的是在一定的时间和空间内，存在于团体内的各种驱动性力量，包括能够被人察觉的，如人际互动、团体认同、言行互相影响等，也包括不能够被人察觉到的，如团体的风气、氛围等。在团体辅导中，运用恰当的辅导方法，使团体成员之间通过语言、行为、表情等产生互动，从而产生并催化团体动力，使个体产生主动性，在团体中通过观察、倾听、模仿、学习、体验等，学习新的态度与行为方式，在思考和感悟中实现对自我的认识、探索、接纳，同时改善与他人的关系，促进对他人的理解、信任等(廖传景，2015)。

以人际关系为主题的团体辅导通常是在团体情境下通过人际交互作用，促使个体之间相互观察、学习、体验、认识自我、调整改善与他人关系、学习新的态度与行为方式，发展出良好的适应能力(王月琴和李海燕，2014)。以人际关系为主题的团体辅导的特点在于使得参与者能够在团体活动中重现其在现实生活中的人际互动模式，通过创设各种活动或情境，团体成员在带领者的引导下深入体察自己的人际关系，探索内在的人际认知，包括在人际交往中对自我和他人的认知等。在人际关系团体辅导中，成员通过观察、学习和体验以及与其他参与者进行互动，促发各种情感体验，不断认识自我、探索自我、接纳自我，进行人际关系的反思，从而在真实生活中运用这些所感所得，获得人际关系的改善和提升。人际关系团体辅导不仅可以有效改善团体成员的人际关系，而且对于他们的整体心理健康水平也会有改善作用，对促进他们的心理潜能发展和个人成长具有积极的作用(洪梦飞和郑莺，2014)。

美国团体心理治疗的先驱欧文·亚隆认为，在团体中，带领者可以通过营造安全、真诚、包容的氛围，对各成员在团体中的行为所反映出的人际交往模式进行觉察与反馈，从而促使来访者提高自我觉察能力，对之前的不良关系模式进行积极矫正，使得心理健康水平得到提升。目前已有诸多研究表明，人际关系团体辅导可以有效地改善大学生的人际交往状况和心理健康水平，通过团体中的人际互动、交往训练，在人际交往方面有面临困境或存在人际交往问题的学生，其人际交往困扰能够有效减少，人际交往能力能够显著提高，人际适应性明显得到增强（洪梦飞和郑莺，2014）。

依恋理论可以用来理解人际关系团体辅导过程中成员的心理和行为。前面已经提到过，依恋的内部工作模式中包含了个体对于自己和他人两种模型，这两种模型其实是个体对于自我和他人的体验和认知。个体在成长早期形成依恋系统塑造了个体对于自我和他人的认知，这个系统在随后的成长过程中逐渐发展成个体调节自己与他人之间亲疏关系的系统，以及个体在人际群体或团体中对于自己的身份、自我价值感等方面的认知，因此个体在这些认知的引导下，会形成与他人以及社交团体的互动模式，形成与个体或与团体之间的关系（Smith et al.，1999）。每个团体成员在其过去的真实的人际互动中都会逐渐形成一种对自我和他人的期待，个体会据此去理解团体、其他成员的行为以及自己的感受，这种期待会影响个体在团体中的行为，对个体的人际互动状况产生重要影响（周春秀等，2017）。由此可见，依恋的内部工作模型构成了个体与他人之间的人际关系以及在团体中的人际关系的基础，有研究发现，人际关系团体辅导对于改善个体对团体的依恋有着明显的效果，依恋焦虑和依恋回避程度都显著下降（周春秀等，2017）。

对于人际关系团体辅导在改善人际关系中的作用机制，有研究者认为是在团体中，个体在带领者的引导下挑战了过去不健康的、具有破坏性的关系表征或图式（Marmarosh，2009）。同时，人际关系团体辅导通常都是由带领者提前创设好一定情境的系列活动，这些活动有特定的主题，能够为成员提供新的关系体验，对团体成员而言，这种团体更像是一个小型的实验场，他们能够在其中真实地呈现自己、表达自己、被倾听、得到反馈等，而这样一些新的关系体验能够被成员内化为新的认知，从而影响其固有的内部工作模式，对消极的自我认知和他人认知进行修正，个体重新体验到与他人之间的亲密感和在人际团体中的归属感，形成新的更积极的内部工作模式（Mccluskey，2002）；接着，在真实的人际交往场景中新的内部工作模式会指导个体的行为，使其整体的人际关系状况得到改善。

第二节　研究八：团体辅导对依恋内部工作模型的改善

一、研究目的及假设

在前文已经提到过，安全依恋是以安全基地图式的激活和安全依恋内部工作模型的启动为运作机制的（李彩娜等，2013）。前面的研究已经证实，对依恋回避者进行安全基地图式的重构，能够使其获得依恋安全感。那么，对于依恋回避者所拥有的不安全依恋内部工作模型，能不能也通过一定的方法使其获得改善或修正呢？

在依恋的内部工作模型中，根据依恋对象的敏感性、回应方式，个体产生了他人是否是可以依靠、值得信赖的他人模型，以及自己是否是有价值的、值得被爱的自我模型。Bartholomew 和 Horowitz（1991）所编制的关系问卷（RQ）就是对依恋关系中自我模型和他人模型进行综合测量，在第一章对依恋理论进行概述的时候已经提到，RQ 包含四种依恋类型，分别代表内部工作模型中的自我模型和他人模型的四种组合。

安全依恋者通常拥有更加积极的自我模型和他人模型，而依恋的自我模型与一个人的自尊水平之间的关系非常密切，自尊水平的提高对安全的依恋内部工作模型的建立是很有帮助的（李彩娜等，2010）。自尊是个体对于自我价值的评估，换句话说，是对自己的总体态度和看法（Leary et al.，1998）。自尊作为自我意识中具有评价性的成分，能够度量个体与他人之间的关系。自尊的水平直接反映了个体与他人之间人际关系状况的好坏（Leary et al.，1998）。有关自尊与依恋类型之间关系的研究发现，安全依恋者的自尊水平普遍高于不安全依恋者（Hazan and Shaver，1987；何影等，2010）。而对于依恋回避者而言，通常认为他们拥有消极的他人模型和积极的自我模型（Bartholomew and Horowitz，1991）。虽然依恋回避是以积极的自我评价和消极的他人评价为特征的（Bartholomew and Horowitz，1991），但大多数研究却发现依恋回避维度得分对自尊水平具有负向的预测作用（何影等，2010）。

关于依恋与自尊方面最常见的研究是关于自尊在依恋类型与人际适应之间的中介作用的研究。例如，有研究者发现，自尊作为中介变量影响依恋水平对社会适应的预测作用（琚晓燕等，2011），还有研究者认为自尊在依恋类型和安全依恋行为之间起到了部分中介作用（金晶，2012）。这些研究共同表明，自尊在个体社交关系的改善以及安全依恋行为的发展中具有重要价值。不论何种依恋类型的个体，自尊水平的提高都有助于其建构起健康的情感知觉并产生在人际交往中践行良好行为的动机。由此可见，对于依恋回避者而言，自尊水平的提升对其人际关系改善应该是具有积极作用的。那么如何提高依恋回避者的自尊水平呢？

除了拥有积极的自我模型，安全依恋者还拥有积极的他人模型，而与之相比，依恋回避者则通常拥有消极的他人模型（Bartholomew and Horowitz，1991）。对于拥有消极他人模型的个体而言，由于依恋关系形成的早期依恋对象对他们需求的不恰当反馈，致使他们逐渐发展出他人不可靠、不值得信任的认知。那么，如果在新关系建立过程中，引导他们与他人之间进行积极互动，是否能够帮助他们改变消极的他人模型从而建立起对他人更宽容、更积极的看法呢？

大学阶段是人生发展的一个新阶段，同时也是个体自我意识形成以及个性品质优化的关键时期，进入大学以后的一个关键发展任务就是建立新的社会交往关系，并获得亲密感(李彩娜等，2010)，这种亲密感的获得对于个体今后与恋人或伴侣之间建立亲密情感关系具有深刻的影响(钟歆等，2014)。从青少年时期开始，与父母以外的同伴之间的关系就开始逐渐替代与父母之间的关系，成为个体情感支持的主要来源(钟歆等，2014)。而在大学的开始阶段，在一个全新的环境中个体又会获得一次全新的机会去建立人际关系，亲密的人际关系建立对个体而言，能够弥补过去与父母之间的不安全依恋体验(钟歆等，2014)。那么能不能通过一定的干预手段，帮助拥有不安全依恋关系的大学新生重新获得亲密的人际情感关系呢？

有研究发现，在大学生群体中展开的人际关系团体辅导在提高个体自尊水平上有显著效果(蔡溢等，2006)，对于促进个体对他人的容纳程度、信任、积极认识、沟通交流等也有促进作用(尚云等，2005)，并且团体辅导对大学生人际关系的影响被证实可能具有长期的积极效果(邢秀茶和王欣，2003)。

基于以上分析，本研究以人际关系团体心理辅导作为对大一新生的不安全依恋关系进行改善的干预手段，首先用关系问卷(RQ)测量被试的依恋类型，然后通过自尊量表(self-esteem scale，SES)(Rosenberg，1965)和容纳他人量表(the acceptance of others，AOS)(Fey，1955)在团体辅导前、后分别对被试进行施测，旨在获得个体有关自我认识和他人认识的相关信息。本研究假设：通过人际关系团体辅导训练，依恋回避者能够获得更安全的人际情感关系，表现为拥有更加积极的自我认知和他人认知。

二、研究方法

(一)被试

由重庆某高校心理咨询中心组织，在大一新生中发放团体辅导招募海报，共招募到自愿参加团体辅导活动的被试 223 人(男性 88 人，女性 135 人)，所有人员在第一次团体辅导活动开始前完成关系问卷(RQ)(Bartholomew and Horowitz，1991)，本实验将 RQ 筛选出的回避型个体作为研究对象，其余依恋类型者则不作为研究对象，共筛选出依恋回避者 34 人(占 15.2%)，其中男性 10 人、女性 24 人，作为本研究的实验组被试。所有参与团体辅导的人员随机分配到 16 个团体辅导小组中，每组接受同样的团体辅导内容。另外，从各学院辅导员提供的新生名单中随机抽选 200 人完成关系问卷(RQ)，筛选出回避型个体 29 人(占 14.5%)，其中男性 11 人、女性 18 人，作为本研究的控制组被试，控制组不接受任何团体辅导训练。

（二）实验设计

采用 2×2 两因素混合实验设计，各因素及水平如下所述。

(1)因素 1(组别，两个水平)：实验组、控制组。

(2)因素 2(测量顺序，两个水平)：团辅前、团辅后。

因素 1(组别)为被试间变量，因素 2(测量顺序)为被试内变量，因变量为自尊水平以及人际容纳程度。

具体实验程序如下。

(1)团体辅导主题：和谐人际关系。

(2)团体性质：封闭式、结构式、发展性团体。

(3)团体辅导理论基础：认知领悟理论(钟友彬，1999)。该理论认为，个体的认知活动会对其行为产生影响，对消极认知的改变和积极认知的建立能够影响个体的体验，从而促成行为的改变，而行为的变化又会反过来影响认知的发展。

(4)团体辅导时间和次数：开学第 9 周至第 14 周，每周一次，每次 60～90 分钟，共 6 次。

(5)团体辅导地点：某校心理活动室。

(6)团队领导者：由研究者和该校其余 3 位心理辅导老师共同担任，每人带领 4 个小组，每组配备一名该校"心理朋辈帮扶团"的本科二年级学生作助手。

(7)团体辅导活动效果评估方式：①团体辅导前的依恋类型评定；②团体辅导前后的自尊水平评定；③团体辅导前后的人际容纳度评定；④团体辅导反馈调查；⑤团体辅导活动个人总结。

（三）实验材料

(1)关系问卷(RQ)(Bartholomew and Horowitz，1991)。

(2)自尊量表(SES)(Rosenberg，1965)。该量表由 10 个条目组成，受测者直接报告这些描述是否与自己相符。分四级评分，1 表示完全不符合，2 表示比较不符合，3 表示比较符合，4 表示完全符合。总分范围是 10～40 分，分值越高，自尊水平越高。

(3)容纳他人量表(AOS)(Fey，1955)。该量表由 20 个条目组成，受测者直接报告这些描述是否与自己相符。分五级评分，1 表示完全符合，2 表示比较符合，3 表示不确定，4 表示比较不符合，5 表示完全不符合。总分范围是 20～100 分，分值越高，表示对他人的容纳程度越高。

(4)团辅评价反馈表。该表由实验者自编，主要用于征集成员对团体辅导的反馈意见，内容包含对团辅的目的、活动过程、团辅氛围以及活动价值的感受四个方面，每一方面包含若干条意见，对每条意见进行 7 级评分。通过反馈表获得成员对团体辅导活动的认识和感受的相关信息，便于实验者今后对干预设计及时进行改进。

(5)团体辅导个人总结。

(四)实验程序

实验组实施所有的 6 次团体辅导干预，控制组不参加团体辅导，只进行常规的在校学习活动。团体辅导干预开始前对所有被试进行关系问卷(RQ)、自尊量表(SES)以及容纳他人量表(AOS)的施测，结束后对所有被试进行自尊量表(SES)、容纳他人量表(AOS)的施测，实验组填写"团辅评价反馈表"。

团体辅导活动的程序及主要内容见表 6-1。

表 6-1　人际关系团体辅导干预实验的程序及主要内容

单元	单元名称	辅导目标	主要活动内容
1	你好，朋友	领导者、团体成员相互认识，制定团体契约书，形成团体	(1)暖身活动：自我介绍、"棒打乌龙"游戏。 (2)大家的期望：成员说出自己参加活动的原因和希望在团体活动中获得的收获。 (3)团体形成：领导者说明团体的功能、内容和目标等，成员讨论制定一份团体契约。
2	认识我自己	分别通过自己和他人的视角，清晰自我形象，加深对自我的认识	(1)他人眼中的我：通过第一次团体辅导活动，形成了对彼此的第一印象，成员分享对彼此的第一印象。 (2)自画像：成员每人画一张画像并对自我形象、自己的魅力以及缺点等进行介绍。 (3)生命线和墓志铭：为自己画一条生命线，分享其中最重要的三个事件；为自己设计一句墓志铭。
3	建立自尊	通过对人际情感体验的感受和回顾，提高成员的自我评价，增强成员的自尊、自信心	(1)微笑的力量：成员面带微笑，相互握手并祝福。 (2)语言有心：每位成员分享成长过程中对自己产生很大影响的一句话，以及自己受到的激励或伤害。 (3)难忘的经历：成员分享自己的人际交往中最愉快的一次经历。

续表

单元	单元名称	辅导目标	主要活动内容
4	有效沟通	提高成员在人际交往中的沟通和交往技巧	(1)角色扮演：通过设计好的人际交往场景，由成员进行角色扮演。(2)角色定位：成员评价自己在人际关系中处于什么样的地位。(3)更好的人际关系：由领导者引导，成员互相讨论人际交往中的技巧。
5	领悟支持	认识自己拥有的社会支持系统，珍惜生命中重要的人，锻炼人际协作能力、学会主动求助的方法	(1)生命中最重要的人：每位成员写下五个生命中最重要的人的名字，每次划掉一个名字，划掉以后就代表这个人永远地离开了，成员分享这个过程中的内心感受。(2)三分钟演讲：每位成员以人际交往中的挫折应对为主题进行演讲。(3)搭纸塔：成员分成两组进行比赛，在规定时间内各组协力用报纸搭一座塔，要求越高越好，而且不能倒。
6	珍重，再见	回顾心路历程、分享收获和改变、寄语彼此，告别团体	(1)活动回顾：回顾过去的几次活动过程，成员分享自己印象最深刻的一次活动，领导者进行总结。(2)朋友间的交流：成员分享自己的改变和收获，同时分享发现的别人的改变。(3)拥抱彼此：成员互相拥抱，互道珍重。(4)互送赠言：成员把对其他成员的祝福写在卡片上并装进信封作为礼物送给对方。(5)冥想：在领导者的带领下进行冥想放松，结束团体辅导。

三、实验结果分析

(一)自尊量表(SES)测量结果分析

被试对自尊量表评分情况如表 6-2 所示。

表 6-2　被试对自尊量表(SES)的评分

组别	团辅前	团辅后
实验组(n=34)	30.00 ±2.28	33.64±1.78
控制组(n=29)	30.18±2.52	30.45±2.54

以组别和测量顺序为自变量，以自尊量表得分为因变量，对数据进行 2（组别：实验组、控制组）×2（测量顺序：团辅前、团辅后）两因素重复测量方差分析，得出各因素的主效应和交互作用，结果如表 6-3 所示。

表 6-3　自尊量表（SES）得分的重复测量方差分析

变异来源	自由度	F 值	P 值	效应量（η^2）
A（组别）	1	4.69	0.04	0.19
B（测量顺序）	1	7.80	0.01	0.29
A×B	1	5.91	0.03	0.23

重复测量方差分析的结果显示，组别主效应显著，$F(1,61)=4.69$，$P<0.05$，$\eta^2=0.19$，实验组自尊得分（$M=31.82$，$SD=2.72$）显著高于控制组（$M=30.32$，$SD=2.48$）；测量顺序主效应显著，$F(1,61)=7.80$，$P<0.05$，$\eta^2=0.29$，团辅后自尊得分（$M=32.05$，$SD=2.68$）显著高于团辅前自尊得分（$M=20.09$，$SD=2.35$）；组别×测量顺序交互作用显著，$F(1,61)=5.91$，$P<0.05$，$\eta^2=0.23$。

针对组别×测量顺序显著的交互作用，对测量顺序在组别上作简单效应分析，结果发现，对实验组而言，团辅后的自尊得分（$M=33.64$，$SD=1.78$）显著高于团辅前（$M=30.00$，$SD=2.28$），$F(1,61)=13.81$，$P<0.01$，$\eta^2=0.41$；对控制组而言，团辅前和团辅后的自尊得分没有显著差异，$F(1,61)=0.08$，$P>0.05$。对组别在测量顺序上作简单效应分析，结果发现，团辅前，实验组和控制组的自尊得分没有显著差异，$F(1,61)=0.03$，$P>0.05$；团辅后，实验组的自尊得分（$M=33.64$，$SD=1.78$）显著高于控制组（$M=30.45$，$SD=2.54$），$F(1,61)=11.69$，$P<0.01$，$\eta^2=0.37$。具体结果见图 6-1。

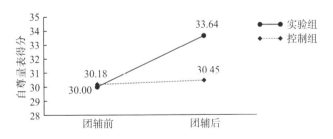

图 6-1　实验组与控制组的自尊量表得分对比

由于参加团体辅导活动的同时还有其他依恋类型者，因此为了考察团体辅导能否使依恋回避者的自尊达到安全依恋者的水平，采用独立样本 t 检验，分别比较了依恋回避者在团辅前、后自尊得分与安全依恋者（107 人）在接受团辅前的自尊得分的差异。结果发现，在团辅前，依恋回避者的自尊得分(M=30.00，SD=2.28)显著低于安全依恋者(M=33.43，SD=2.53)，$t(139)$=4.00，$P<0.01$；在团辅后，依恋回避者的自尊得分(M=33.64，SD=1.78)与安全依恋者(M=33.43，SD=2.53)差异不显著，$t(134)$=0.60，$P>0.05$。

（二）容纳他人量表（AOS）测量结果分析

被试对容纳他人量表的评分情况如表 6-4 所示。

表 6-4　被试对容纳他人量表（AOS）的评分

组别	团辅前	团辅后
实验组（n=34）	61.27±2.41	64.73±2.78
控制组（n=29）	61.18±2.75	60.64±2.01

以组别和测量顺序为自变量，以容纳他人量表得分为因变量，对数据进行 2（组别：实验组、控制组）×2（测量顺序：团辅前、团辅后）两因素重复测量方差分析，得出各因素的主效应和交互作用，结果如表 6-5 所示。

表 6-5　容纳他人量表（AOS）得分的重复测量方差分析

变异来源	自由度	F 值	P 值	效应量（η^2）
A（组别）	1	10.14	0.005	0.34
B（测量顺序）	1	2.74	0.110	0.12
A×B	1	5.19	0.030	0.21

重复测量方差分析的结果显示，组别主效应显著，$F(1,61)$=10.14，$P<0.010$，η^2=0.34，实验组容纳他人量表得分(M=63.00，SD=3.19)显著高于控制组(M=60.91，SD=2.37)；测量顺序主效应不显著，$F(1,61)$=2.74，$P>0.050$；组别×测量顺序交互作用显著，$F(1,61)$=5.19，$P<0.050$，η^2=0.21。

针对组别×测量顺序显著的交互作用，对测量顺序在组别上作简单效应分析，结果发现，对实验组而言，团辅后的容纳他人量表得分(M=64.73，SD=2.78)显著高于团辅前(M=61.27，SD=2.41)，$F(1,61)$=7.73，$P<0.05$，η^2=0.28；对控制组而言，团辅前和团辅后的容纳他人量表得分没有显著差异，$F(1,61)$=0.19，$P>0.05$。对组别在测量顺序上作简单效应分析，结果发现，团辅前，实验组和控制组的容纳他人量表得分没有显著差异，$F(1,61)$=0.01，$P>0.05$；团辅后，实验组的容纳他人量表得分(M=64.73，SD=2.78)显著高于控制组(M=60.64，SD=2.01)，$F(1,61)$=14.08，$P<0.01$，η^2=0.41。具体结果见图 6-2。

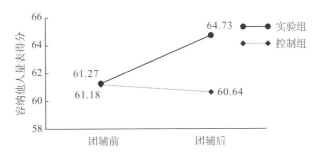

图6-2　实验组与控制组容纳他人量表得分对比

由于参加团体辅导活动的同时还有其他依恋类型者，因此为了考察团体辅导能否使依恋回避者对他人的容纳程度达到安全依恋者的水平，采用独立样本 t 检验，分别比较了依恋回避者在团辅前、后对他人的容纳度与安全依恋者(107 人)在接受团辅前的他人容纳度之间的差异。结果发现，在团辅前，依恋回避者对他人的容纳程度(M=61.27，SD=2.41)显著低于安全依恋者(M=68.69，SD=3.21)，t(139)=2.79，P<0.01；在团辅后，依恋回避者对他人的容纳程度(M=64.73，SD=2.78)仍然显著低于安全依恋者(M=68.69，SD=3.21)，t(134)=2.88，P<0.01。

(三)团体辅导反馈及总结

(1)团体辅导反馈。所有成员在团体辅导活动结束后填写一份自编的"团辅评价反馈表"，从反馈结果来看，成员普遍在团体活动中拥有良好的体验，对团体辅导活动给予了积极的评价，如认为团体辅导活动的条理性和目标性较强，认为团体活动是安全、温暖、友善、接纳度高的等，成员普遍对团体辅导活动的价值给予了肯定。

(2)团体辅导活动个人总结摘录。团体辅导过程结束后，针对团辅活动的收获和感悟，每位成员写一份书面的总结。通过实验组成员(依恋回避者)的描述，可知团体辅导起到了积极作用。以下是部分实验组被试的总结摘录。

学生 A："我一直觉得自我认识很重要，很多时候觉得其实没有人真的了解我，有时候又会觉得或许是我自己的问题，可能是我的自我认知出了问题，团辅之后我对自己似乎有了更清楚地认识。我后来也开始看一些自我探索的书，有了一些收获。我很喜欢团辅的氛围，每次团辅之后就觉得好像什么都放下了，也不用想很多，很开心可以认识你们所有人。"

学生 B："在那个阳光温暖的下午，我们相聚在一起，几个小伙伴初次见面虽然有点拘谨，但是几次短暂的陪伴把我们拉近。在团体辅导中每次都能收获很多，比如人与人之间的相互协作、齐心协力就能很快解决问题，比如认真倾听也能减轻对方烦恼，每个人都有闪光点，不应被第一印象束缚等，通过团辅我获得的东西远比我想象的多。给我印象最深的就是关于选择的那次团辅，每次划掉一个跟自己亲近的人都是十分艰难的，让我体会到要更加珍惜身边的人。通过团体辅导，我们联想自己，联想他人，我们彼此之间一点一点加深了解，一点一点熟悉，彼此更加熟络，在这一个小小的团体里，我们可以敞开心扉，畅所欲言，不必隐藏自己，找到一个更加真实的自己。这一个小小的团体是我们温暖的港湾，让我们放松自我，希望自己可以以此为起点，结交更多的人，做更好的自己，让大学生活成为人生一段精彩的篇章！"

学生 C："我最开始参加团辅的原因，是海报宣传语上说能够帮助我们更好地认识自己和他人。我一直以来都是比较孤僻，可能是从小父母没有在身边的原因，也没有多少朋友，就是想在大学的时候能够改变一下，换一个角度去看待自己和他人。每次团辅结束的时候，我都感觉挺舒服的，心情特别地放松。团辅活动的确让我更加深刻地认识了自己和他人，也让我体会到了这种认识不断深入带来的美妙、不可言说的感觉。最大的收获，莫过于学会了在人际交往中的一些很关键的内容。最开始的我们，不过是陌生人，带着疏离与戒备，然而后面的相处，让我们从孤岛上下来，带着温暖与信任；最开始的我们，不过是合作者，带着逃避与保护，然而我们彼此送去的温暖的微笑，却带着善意与真诚；最开始的我们，不过是相互审视者，带着怀疑的判断，然而那次午后的畅谈，让我们紧紧相拥，带着期待与宽容。如果以后再有这样的活动，我还是想要积极参加，遇见你们，好幸运！"

四、讨论和结论

(一)人际交往团体辅导对依恋回避者自尊水平的改善

在本研究的团体辅导干预方案设计中，第 2 单元(认识我自己)和第 3 单元(建立自尊)主要针对的是人际交往中对积极自我认知的训练，通过他人对自己的认识、评价和积极的情绪反馈、自我生命意义的探索、人际情感经历的回顾等，力图帮助参与者构建更加完善的自我认识，提高对于自我价值感的认同感，促进自尊水平的提高。本研究发现，与参加团体辅导之前相比，团体辅导结束后，依恋回避者的自尊水平普遍得到了提高，并且其自尊达到了与安全依恋者相当的水平。与一个人的依恋类型结合起来看，有研究者认为，自尊直接反映的是个体依恋内部工作模型中的自我模型(曾晓强，2009)，虽然依恋回避者被认为拥有积极的自我模型，但与安全依恋者相比还存在差距(Hazan and Shaver，1987)，自尊水平的提高对于依恋回避者建立更积极的自我模型无疑是具有积极价值的，而自我模型的完善预示着在与依恋对象以外的他人进行人际交往时交往关系的提升(Leary et al.，1998)。

在依恋回避者的内部工作模型的形成过程中，他们是在对依恋对象不抱希望的情形之下转而形成的自我依赖，而这种积极自我模型建立，其实是建立在否定他人的前提之下的。与之不同的是，安全依恋者的积极自我模型的建立是基于依恋安全感的获得和充盈而产生的。但研究者发现，虽然回避型依恋者表面上对关系有着回避和排斥，但在他们的内心深处却有与他人发展亲密关系的愿望(刘聚红等，2015)。因此，在团体辅导中强化来自他人的关爱与支持可能就能够使得依恋回避者认识到自己值得被爱的价值，获得自我肯定，从而产生更加健康的自我模型，并产生对发展人际亲密感的愿望。研究者认为，在自尊的概念中，就包含了一种自我肯定的情感体验(曹杏娥，2011)。因而通过团体辅导发展依恋回避者的自我肯定感，对提高依恋回避者的自尊水平并改善他们的不安全行为模式是有帮助的，因为自尊水平高的个体，通常在人际关系中会更少地表现出回避行为(曹杏娥，2011)。

(二)人际交往团体辅导对依恋回避者人际容纳度的改善

在本研究的团体辅导干预方案设计中，第4单元(有效沟通)和第5单元(领悟支持)主要针对的是人际交往中对积极的他人认知的训练，通过对人际交往技巧的探讨、人际交往中挫折应对的感悟，以及对社会支持系统的梳理和领悟等，力图增进参与者对他人的理解、信任，提高与他人的协作能力，以及促进在人际互动中对他人的容纳程度。对于依恋回避者而言，他们的内部工作模型中有关他人的模型是消极的，认为他人是不可靠的，有研究者将个体对他人的容纳度作为人际信任水平的一个测查指标(田可新等，2005)，因而对他人容纳度的提高意味着对他人的信任程度的提高，而这对于改善依恋回避者的消极他人模型是有参考价值的。有研究者发现，依恋回避维度与利他性是呈显著负相关的(曹杏娥，2011)，换句话说，依恋回避者较不容易出现利他行为，而利他行为是建立在包容他人的前提之下的，可见依恋回避者对他人的容纳程度较低。而本研究发现，与参加团体辅导之前相比，团体辅导结束后，依恋回避者对他人容纳度普遍得到了提升。虽然与安全依恋者相比还是存在较为显著的差距，但对于依恋回避者本身而言，这无疑对他们建立积极的他人模型起到了促进作用。

在进入大学的初期，个体需要建立许多新的人际关系，有研究证实，有半数以上的大一新生存在着人际交往方面的心理困惑，如果没有及时建立起安全可靠的人际关系，则容易造成一系列不良的心理反应，比如情感孤独、抑郁等(孟红等，2014)。较之安全依恋者而言，不安全依恋者通常更容易体验到不良的人际关系带来的伤害(李同归等，2008)。以孤独感为例，孤独感的形成可能与个体的依恋经历紧密相关，不同的依恋经历可能导致个体产生依恋内部工作模型表征的社会认知风格差异，从而影响个体对社会支持的主观感受和认识。安全依恋者的内部工作模型促使他们更能够感知到社会支持，从而促进他们在社会交往中向他人"寻求亲近"的行为，而对于不安全依恋者而言，其不安全的内部工作模型中有关他人的模型是消极的，这将会降低他们对于他人的期待，从而使交往质量降低，导致孤独感的产生(李同归等，2008)。由此可见，积极的他人模型的建立对于不安全依恋者而言是很有必要的，这将使得他们在人际交往中提高对于他人的期待，从而获得更加安全、可靠、积极的关系。研究发现，对他人的容纳程度偏低是个体形成不良人际关系的主要原因(孟红等，2014)。对他人持有较高的容纳度，能够降低个体的社交焦虑(程子军等，2006)、降低孤独感，提高整体的心理健康水平(孟红等，2014)。有研究者认为，容纳他人的水平较高，还意味着自我接纳和整体的人际容纳程度较高(孟红等，2014)，由此可见，容纳他人的水平提高对于建构积极的自我也是具有价值的。同时有研究者还发现，乐于容纳他人的人也更加容易被他人所容纳(孟红等，2014)，因此提高对他人的容纳度可以被看作是一个双向的、互惠的积极过程。

(三)人际交往团体辅导干预对依恋回避者安全依恋关系形成的启示

本研究的结果可能说明：其一，本研究的团体辅导干预方案对于提高依恋回避者的自尊水平以及对他人的容纳度是有效的，说明团体辅导方案的设计是具有一定合理性的。本研究的团体辅导方案设计基于认知领悟理论(钟友彬，1999)，在依恋回避的认知模式中，他们对外界刺激的负性编码导致了他们消极的认知加工倾向，这种认知加工倾向使得他们用消极的眼光对他人进行评价，或对自我过度依赖。本研究的团体辅导设计着力于对依恋回避者对自我和他人的积极认知进行塑造，从改变认知入手，帮助他们获得了积极安全的情感体验。其二，在团体辅导活动中，由于成员共同遵守团体契约，在封闭的团体中敞开心扉，这本身对于促进成员之间的相互包容和接纳就是有积极作用的，这样一种温暖、安全的环境，提供了一种安全的氛围，而这将有助于成员安全感的建立(孟红等，2014)。其三，由于参加本次团体辅导的所有成员都是通过招募信息自愿报名参加的，因此他们参与的动机是较强的，这可能也是使团体辅导效果较好的一个原因。

团体辅导的引导都是正面的，不带有任何强迫性质，而连续几次的团体辅导是一个循序渐进的过程，通过这种循序渐进的训练，使成员之间从认识到理解，再到支持、信任、接纳、合作、依赖，最后到交心，这是一个人际安全感逐渐建立的过程。对于依恋回避者而言，这种循序渐进的过程可能能够帮助他们逐渐从强迫性的自我依恋中一点一点地释放出来，回归到团体中，感受自己被关爱、自己的需求被满足，获得自我肯定；同时由于感受到他人的真诚，从而逐渐消除对他人的怀疑和不信任。许多研究都发现了以人际关系为主题设计的团体辅导对大学生自尊以及他人容纳度具有改善作用（尚云等，2005；王月月，2012），但他们没有研究在团体辅导设计中同时融入有关自我认识和他人认识两方面内容的情况，并将其与依恋的内部工作模型相联系，而这正是本研究价值的体现。

对于大一新生而言，新的学习和生活环境给他们带来了巨大的挑战，而本研究是在大一新生入学的第一学期开展的，这无疑为新生适应和融入新环境提供了一个平台。大学时期的一个关键发展任务就是建立新的社交关系，并从中获得亲密感（李彩娜等，2010），与同学、同伴或恋人之间的依恋关系的好坏，对于今后个体在婚姻关系中的依恋关系具有一定预测作用（钟歆等，2014）。大学是人生中一个全新的阶段，充满无限可能性，对于那些在过去与父母之间没有建立起安全依恋关系的个体而言，大学提供了一次与他人之间重新建立安全依恋关系的机会，而这种安全依恋关系的建立可能可以修补他们过去的不安全依恋关系，使他们获得对于自我和他人更加积极的认知（钟歆等，2014）。

（四）结　论

综上，本研究的结论如下：第一，人际关系团体辅导能够提高依恋回避者的自尊水平，有助于其建立积极的自我模型；第二，人际关系团体辅导能够提高依恋回避者对他人的容纳程度，有助于其建立积极的他人模型；第三，人际关系团体辅导提高了依恋回避者的自尊水平，使其达到了与安全依恋者相当的水平，同时提高了依恋回避者的人际容纳度，但与安全依恋者的人际容纳度还存在一定差距；第四，通过改变依恋回避者的认知模式，人际关系团体辅导对依恋回避者内部工作模型可能起到了修复作用。

第四部分

关于大学生人际关系
促进的思考

第七章　依恋理论在大学生人际关系促进中的应用

第一节　安全依恋在人际关系促进中的价值

一、安全依恋对人际关系发展的意义

对安全依恋进行研究对于个体发展具有指导意义。安全依恋作为依恋理论中的核心内容之一，它涵盖了依恋关系中所有与希望、乐观等有关的积极内容(李彩娜等，2013)。安全依恋的形成体现了个体早期与依恋对象积极互动的有效性，这种互动有效性是个体安全感的来源。安全依恋对人与人之间的亲密关系能够起到保护的作用，安全依恋者在面临威胁或压力时，具有一种向依恋对象寻求亲近感和保护的倾向，对安全依恋进行研究对于研究个体的心智发展和个人成长都具有重要的价值。

安全依恋相关研究成果对于个体获得更积极的人际互动关系具有参考价值。安全依恋的研究通常涉及对特质安全依恋类型特征的探讨以及对安全依恋进行启动两方面内容。一方面，研究特质安全依恋类型对良好、稳固的亲密关系的维持具有参考价值。依恋的内部工作模型反映出个体对于自我和他人的认知和情感，也影响了个体对于即将发生的行为的期待。探讨安全的内部工作模型对于提高个体在人际互动中发展出积极的认知、获得积极的情感体验、选择对自己更有用的信息、形成积极的记忆、表现出对人际关系更有益的行为等都是有指导作用的。另一方面，安全依恋启动研究能够获得个体对于人际情感信息的提取、加工和运用的相关内容。对依恋关系的变化和安全依恋的形成原因的了解对于依恋对象了解和满足个体的情感需求，从而提供支持和参与度具有参考价值；对于个体而言，建构安全的依恋图式对于提高人际支持的领悟能力、对抗消极事件对自身情绪的影响、在人际关系中进行自我表露、对他人持有更开放的态度、付出更多努力去建立社会关系、采用积极乐观的态度去面对需要解决的问题等都具有提示性的作用，而这一系列改变都能够促进更加积极的人际关系的产生。

安全依恋相关研究成果对临床应用具有参考价值。安全依恋启动实验，可能对心理异常个体的临床干预具有参考价值。例如，有研究探讨了安全依恋启

动对患创伤性应激障碍的个体的影响（Mikulincer et al.，2006）。在面对创伤性事件时，安全依恋者对自我和他人能力的信任可以使他们在调节情绪的过程中保持乐观的信念和使用建设性的策略，这对他们保持情绪的健康是有益的（Mikulincer and Shaver，2007）。而安全依恋启动作为一种象征性地激活安全依恋表征的方法，可以减少创伤对个体造成的影响（Mikulincer et al.，2006）。安全依恋的积极效应与积极心理学中有关人类的积极力量、发展潜力等内容是一致的，同时，对于传统心理治疗领域，致力于消除消极的心理病理性特征的研究可以互为补充。在临床心理咨询与治疗实践中，人际关系问题一直是大学生群体中最常见的心理问题之一，而对早期不安全依恋关系的修正和安全依恋关系的重建，对于帮助大学生改善人际关系是有积极意义的。

二、安全基地图式重构是获得人际安全感的关键

大多数有关安全基地图式的研究只针对安全依恋者进行，研究者认为，安全基地图式对安全依恋者的心理健康、情绪稳定性、对人际关系的满意度以及自尊等都会起到积极作用（Waters and Waters，2006）。而对于不安全依恋者，研究者只是指出，他们的安全基地图式不如安全依恋者那样完善，他们对于安全基地图式的使用也不如安全依恋者那样纯熟（Waters and Waters，2006）。少数的研究探讨了不安全依恋者的依恋图式的形成原因、特征和表现，然而却几乎没有研究对不安全依恋者能否建构起安全基地图式进行探讨。在依恋理论中，依恋对象的重要功能之一就是为个体提供一个"可以进行探索性行为的安全基地"，换句话说，在依恋的形成和建立过程中，个体将依恋对象视为安全基地，进行对外部世界的探索活动、冒险以及自我发展（杨玲，2015），安全基地对个体而言是起保护作用的（周爱保等，2005）。安全依恋的运作需要安全基地图式的激活，并且安全基地图式的激活需要威胁带来的压力和积极的支持性他人两个条件共同具备才能够实现。

本书中的研究通过反复在面临威胁时获得他人积极应答的方式为不安全依恋中的依恋回避者重新建构安全基地图式，并证实了安全基地图式的重构能够促进依恋回避者对安全依恋情感信息的感知，从而获得安全感。值得注意的是，面临威胁并寻求他人积极应答这个过程在本书的研究中得到了反复强化，这与自然状态下安全依恋的形成是相对应的，在安全依恋者安全依恋形成的过程中，他们的安全感的建立不是一两次积极依恋体验就能够产生的，而是在持续、一致的积极体验过程中逐步得到强化而产生的。此外，在本书的研究中，与 Beckes 等（2010）的研究类似，对威胁性刺激的呈现都是通过阈下呈现的方式实现的，这说明依恋回避者安全依恋情感是在无意识情况下产生的，说明是一种内隐的习得过程使他

人应答与安全依恋表征之间建立起联系。

在安全基地图式重构的过程中，本书的研究突出了应答性微笑面孔的作用，通过赋予微笑面孔温暖的依恋意义，力图为曾遭受过依恋对象拒绝或忽视的依恋回避者提供一种温暖、安全和受到保护的感觉，而这种感觉常常是安全感形成的前提条件（Mikulincer et al.，2003）。虽然情绪可以通过肢体语言（如姿势、动作等）得到传递，但在人际交往中，促进情感交流得以顺利进行的最重要的工具是情绪面孔，因为情绪面孔具有传达各种不同情感和意愿的功能（Rossouw，2013）。许多研究对不同依恋类型者加工情绪面孔的情况进行了考察，研究的内容包括不同依恋类型如何影响个体对情绪面孔及其变化的知觉（Fraley et al.，2006；Niedenthal et al.，2002）、对情绪面孔的直接识别（Maier et al.，2005）和间接识别（Baron-Cohen et al.，2001）、对情绪面孔的注意（Dewitte and De Houwer，2008）、对情绪面孔的评价（Vrticka，2012）以及对情绪面孔的解码偏好（Magai et al.，2000）等。虽然许多情绪都能够通过面部表情被表达出来，但对于人类以及其他灵长类动物而言，微笑面孔是比其他面孔更加有益的一种情绪面孔（Pönkänen and Hietanen，2012）。与中性或消极的情绪面孔（如生气等）相比，微笑面孔代表了更多有益的品质和特点，如信任、熟悉、善良等（Rossouw，2013）。本研究发现，当面临威胁时，他人应答性的微笑面孔能够更快地引起依恋回避者的注意，而对微笑面孔恰当的感知、理解和应对，对于个体在人际环境中的生存是有帮助的。

第二节　大学生积极人际关系的可塑性

一、大学生人际行为倾向的可变性

本研究发现，安全依恋启动能够使依恋回避的大学生产生向安全依恋情感信息进行趋近的行为。这样的发现证实了依恋回避者行为倾向是具有可变性的。之前的研究发现，趋近和回避两种行为倾向通常是独立于彼此的（Carver，2000），但这并不是说趋近倾向弱就表示回避倾向强（Impett and Gordon，2010）。依恋的动机和行为系统在某种程度上说是灵活可变的，趋近和回避两种行为倾向之间可能会并存或发生转化。事实上，趋近和回避之间的协调对个体的适应性调节至关重要（Elliot，2008）。有研究者（Gable and Impett，2012）指出，所谓趋近，并不是不会回避，回避也不等于不会趋近，个体趋近行为倾向的强度也不能预测其回避行为倾向的强度，反之亦然。Nikitin 和 Freund（2010）研究发现，趋近和回避的行为倾向可能会同时存在于安全依恋者身上，这个发现也打破了安全依恋通常是与趋近行为相联系这样的固有认识。

Gray(1987)关于动机的神经心理学模型中假定了两种行为系统，即行为趋近系统(behavioral approach system，BAS)和行为抑制系统(behavioral inhibition system，BIS)。BAS 是一种欲求系统，它主要对积极的刺激或奖赏信号敏感，促进可能会导致积极后果的行为，是积极情感体验(如希望、幸福感以及愉快等)的基础。BAS 的激活会发展成趋近的行为倾向。BIS 是一种排斥系统，它主要对消极的刺激或惩罚信号敏感，抑制可能导致痛苦后果的行为，是消极情感体验(如焦虑、悲伤、沮丧以及恐惧等)的基础。BIS 的激活会发展成回避的行为倾向。行为趋近和行为回避系统的差异可以为理解情绪情感体验提供一些启发。例如，Carver和 Scheier(1998)描述了情绪情感体验两个独立的维度，其中一个管理着趋近行为，另一个管理着回避行为。一项研究发现，对 BAS 高度敏感的个体对日常积极情感体验的报告显著多于那些对 BAS 低敏感的个体，而对 BIS 高度敏感的个体比对 BIS 低敏感的个体报告了更多的日常消极情感体验(Gable et al.，2000)。在高回避者的行为系统中，显然 BIS 是占主导地位的，高回避者对他人的拒绝和排斥非常敏感(White et al.，2012)，为了从情感上使自己避开社交中让其感到不安的事件，他们会逐渐发展出对依恋甚至其他情感的回避行为倾向，也就是说，自动的趋/避倾向是高回避者行为抑制系统的一种表现。而本研究发现，高回避大学生的趋/避行为倾向是可以得到训练的，并且这种训练可以导致他们在新的人际互动关系中的情绪状态发生变化，也就是说，自动的趋/避倾向同时也可以是导致高回避者产生依恋回避或者依恋趋近行为的一个原因。简言之，高回避者的回避行为倾向是其行为抑制系统的一种表现，同时也是其回避行为产生的原因，但这种回避的行为倾向可以通过训练得到改变，从回避变为趋近，进而使高回避者在新的人际互动关系中产生更加积极的情绪体验。

二、改善依恋内部工作模型与重塑大学生积极人际关系

依恋的内部工作模型反映的是个体对自我和他人的认知情况，即自己是否值得被爱、他人是否值得信任等内容。安全依恋者通常在求助时能够获得积极的应答，因而他们对自我价值持有肯定的态度，认为自己是值得被爱、被接纳的，而他人是积极响应的、值得信赖和靠得住的，他们对于自我和他人的认知都是积极的。而在依恋回避者的内部工作模型中，自我模型是积极的，而他人模型是消极的。依恋回避者惯用抑制激活策略，因为他们在内心认为寻找亲近感是错误的，因而他们总是倾向于独自面对威胁、压力或困境，这种抑制性的应对方式使得他们产生了对他人的怀疑(Berant et al.，2005)。值得注意的是，虽然依恋回避者拥有积极的自我模型，但在依恋回避者的内部工作模型的形成过程中，他们的自我

依赖具有强迫性，这种积极自我模型的建立，是建立在对他人进行怀疑和否定的前提之下的。

　　针对依恋回避者内部工作模型的改善，在咨访关系中通常是通过咨询师持续的积极应答和提供安全感，使依恋回避者逐渐增强对他人的信任和容纳，并获得自我认知水平的提升（Gillath et al.，2008）。而在教学实践中，虽然对人际关系改善的呼声很高，但有关依恋类型对人际关系的影响却几乎没有引起关注。在本研究中，对大一新生中的依恋回避者进行人际关系团体辅导干预，通过与他人之间进行有益的互动，促使他们的认知发生积极转变。在本研究中对内部工作模型改善情况的检验指标中，用自尊的提高作为获得更加积极的自我模型的指标，而用对人际容纳度作为获得更加积极的他人模型的指标，发现了团体辅导对于依恋回避大学生自我模型和他人模型的改善作用，验证了有关人际互动塑造了内部工作模型，而内部工作模型又可以反过来塑造个体与他人之间的人际互动关系的论述（顾思梦，2014）。

第三节　大学生人际关系促进研究的反思与展望

　　针对依恋关系及与之相关的行为的稳定性和可变性所进行的探讨大多集中在某些重大事件可能对依恋系统的改变造成的影响方面，然而在不受重大事件的影响下依恋关系是否可能发生改变却还不清楚。本书通过对已有理论进行梳理，选取不安全依恋类型中依恋回避的大学生为研究对象，探索他们在新的人际关系形成过程中，安全依恋产生的可能性、过程和机制，以及对他们安全依恋形成进行干预的方法。通常情况下，依恋回避是与对情感信息的回避相联系的，而本书的一系列实验研究旨在为依恋回避的大学生建构新的安全基地图式，探讨他们在新关系建立时的心理过程，以及在此过程中他们的认知、情绪和行为倾向可能发生的变化，这种尝试是一次全新的挑战。

　　首先，本书的研究打破了以往对特质依恋类型者的认知、情绪或行为表现等方面所进行的探讨，力图为不安全依恋类型中的依恋回避者重构安全基地图式，在此基础上探讨其安全依恋形成的可能性；其次，本书的研究通过反复在威胁性刺激下对应答性微笑面孔进行搜索的方式对依恋回避者进行安全基地图式的重构，还原了安全依恋产生的最初过程（即在面临威胁时总能获得依恋对象的积极应答），比以往研究所使用的其他安全依恋启动方法更具有生态学意义；另外，在作为刺激材料的微笑面孔选择上，并未使用依恋对象的面孔，而是用了陌生人的微笑面孔，并赋予了其安全依恋的意义，象征性地激活了依恋回避者的安全依恋表征，而陌生的微笑面孔对于探讨新的安全依恋关系建立过程是有价值的。

　　尽管本书从依恋的视角出发对大学生人际关系的促进过程进行了较为深入的分析，但因为篇幅和技术手段的限制，仍存在一些不足和有待进一步研究的问题，主要体现在以下几方面。

　　（1）关于研究对象的选择。本书只选择了依恋回避的大学生作为代表，考察不安全依恋向安全依恋转变的可能性，这显然是不全面的。从本书第一章的理论梳理中可以得知，依恋类型的划分和测量有各种不同的方法和技术，而本书主要采用的是维度法来筛选出高回避低焦虑的大学生，即依恋回避者。那么，当依恋焦虑逐渐上升而依恋回避程度下降的时候，怎样有针对性地对他们提供人际关系促进策略呢？纳入更多不同依恋类型或不同焦虑-回避程度的人作为研究对象，有助于未来更加全面、清晰地回答这个问题，以更有效地改善其人际关系。

　　（2）关于安全依恋情感的启动。首先，本书中的研究与大多数的安全依恋启动研究一样，都没有在真实的社交情境中对启动的效应进行考察；其次，虽然本书的研究通过反复在面临威胁时搜索应答性微笑面孔的方式重构依恋回避者的安全基地图式，成功启动了依恋回避大学生的安全依恋情感，但启动的时效性还有待考证；再者，安全依恋关系的形成涉及一个时间进程的问题，通过在新的人际互动关系中启动依恋回避大学生的依恋安全感与依恋回避大学生的特质依恋类型的转变之间还存在多大差距，是未来的研究需要探究的问题。

　　（3）关于依恋情感图片的选择。本书研究中所用到的依恋情感图片都较为复杂，包含了许多视觉元素，而对这些信息的理解上所存在的个体差异可能会是对结果产生影响的一项潜在的干扰因素。而且本书研究中用到的所有依恋情感图片，其内容都是与被试自己无关的，因此在安全依恋启动下，涉及与自身依恋情感有关的信息是否也会对依恋回避者的情绪和行为倾向产生积极影响，这一点还不清楚。未来的研究可以在研究材料的选择上增加与被试自身有关的依恋情感图片，在情感内容更有指向性的情况下，研究情感信息对个体可能产生的影响。

　　（4）安全依恋行为训练的效果。虽然本书的研究发现，行为倾向训练可以导致高回避的大学生对安全依恋情感信息产生趋近行为，但值得指出的是，这种效果在多大程度上是由训练导致的还有待探讨，换句话说，可能还有其他的因素在其中起了作用。因为在训练实验中，行为倾向训练不只使高回避者的行为倾向得到了改变，而且在相似的情境中，这种效果得到了一定程度的维持并且对高回避者的情绪体验还产生了影响。可以推测的是，在这个过程中，至少还存在两种机制：第一种是可操作的评价性条件反射（evaluative conditioning），重复向一种刺激趋近可能导致个体对这种刺激感到更愉悦（Woud et al.，2011）；第二种是习惯化（Rinck et al.，2013），如果安全依恋情感信息对高回避者而言是一种让他们感到不安的信息，那么它的重复呈现就会导致高回避者对其逐渐感到习惯，并且不再体验到由这种信息带来的消极情感，尤其是当高回避者反复向这种信息趋近却又并没有任何不良后果时，他们更有可能对其产生趋近。显然，这些额外的作用机制使得训练本身的作用被削弱，因此，未来可能需要更有效的研究设计和实验范式来实现对个体行为倾向改变的训练。

(5)虽然本研究通过文献分析、问卷调查、行为实验以及团体辅导干预等方法试图从多角度对依恋回避者的安全依恋形成机制进行探讨，但研究方法之间的整合还存在不足，系统性和逻辑性还有待提高。未来的研究可以从更丰富的视角对依恋回避的大学生或其他不安全依恋者安全依恋形成的可能性进行探讨，比如从神经生物学的角度，用脑成像或者事件相关电位(event-related potential，ERP)等研究方法对安全依恋形成的机制进行研究，以获得对不安全依恋者安全依恋形成机制更全面、更深入的认识，从而对人际关系促进的研究和实践提供更加立体的视角。

参 考 文 献

白露, 马慧, 黄宇霞, 等. 2005. 中国情绪图片系统的编制——在 46 名中国大学生中的试用[J]. 中国心理卫生杂志, 19(11): 719-722.

蔡溢, 刘素贞, 许明智, 等. 2006. 医科大学生自尊团体心理辅导研究[J]. 中国临床心理学杂志, 14(4): 414-415, 418.

曹杏娥. 2011. 大学生成人依恋、自尊与爱情态度的关系研究[D]. 北京: 北京林业大学.

陈文锋, 禤宇明, 傅小兰. 2009. 视觉搜索的认知机理与应用[J]. 中国计算机协会通讯, 5(7): 17-22.

陈欣. 2012. 不同效价的面部表情图片加工差异的研究[D]. 大连: 辽宁师范大学.

程子军, 李合群, 曾棵. 2006. 577 名大学生人际容纳、信赖他人及相关因素的研究[J]. 中国行为医学科学, 15(12): 1123-1125.

宫火良. 2008. 高述情障碍者的情绪图式特征[J]. 心理学报, 40(12): 1250-1257.

顾思梦. 2014. 成人依恋影响大学生抑郁的心理机制研究[D]. 南京: 南京中医药大学.

郭薇, 陈旭, 杨楠. 2011. 安全基地启动及其脑机制[J]. 心理发展与教育, 27(5): 553-560.

何影, 张亚林, 杨海燕, 等. 2010. 大学生成人依恋及其与自尊、社会支持的关系[J]. 中国临床心理学杂志, 18(2): 247-249.

洪梦飞, 郑莺. 2014. 论人际关系团体辅导的理论及实践启示[J]. 教育教学论坛, (30): 63-64.

胡平, 关瑜. 2007. 依恋行为与情绪反应和社会归因的相关研究[J]. 心理发展与教育, 23(4): 45-49.

黄丽, 杨廷忠, 季忠民. 2003. 正性负性情绪量表的中国人群适用性研究[J]. 中国心理卫生杂志, 17(1): 54-56.

黄宇霞, 罗跃嘉. 2009. 负性情绪刺激是否总是优先得到加工: ERP 研究. [J] 心理学报, 41(9): 822-831.

姜春萍, 周晓林. 2004. 情绪的自动加工与控制加工[J]. 心理科学进展, 12(5): 688-692.

蒋重清, 肖艳丽, 刘颖, 等. 2012. 情绪启动与语义启动的比较[J]. 心理科学进展, 20(12): 1920-1925.

金晶. 2012. 初中生依恋、主观幸福感及自尊的关系研究[D]. 长沙: 湖南师范大学.

金静, 胡金生. 2014. 社会排斥后的认知反应[J]. 心理学进展, 4(1): 96-103.

琚晓燕, 刘宣文, 方晓义. 2011. 青少年父母、同伴依恋与社会适应性的关系[J]. 心理发展与教育, 27(2): 174-180.

卡巴尼斯, 彻丽, 道格拉斯, 等. 2015. 心理动力学个案概念化[M]. 孙铃, 等译. 北京: 中国轻工业出版社.

雷雳, 伍亚娜. 2009. 青少年的同伴依恋与其互联网使用的关系[J]. 心理与行为研究, 7(2): 81-86.

黎坚, 李一茗. 2012. 爱的权衡: 在付出与索取中保持或恢复心理平衡[J]. 心理科学进展, 20(4): 598-607.

李彩娜, 班兰美, 李红梅. 2010. 大学生孤独感及其与依恋、自尊的关系[J]. 中国临床心理学杂志, 18(4): 514-516.

李彩娜, 党健宁, 王武, 等. 2014. 依恋回避个体对依恋相关词汇的注意偏向研究[J]. 中国临床心理学杂志, 22(1): 48-52.

李彩娜, 石鑫欣, 黄凤, 等. 2013. 安全依恋的概念、机制与功能[J]. 北京师范大学学报(社会科学版), (6): 30-37.

李彩娜, 石鑫欣, 拓瑞. 2014. 大学生成人依恋、元情绪及心理复原力的关系[J]. 中国心理卫生杂志, 28(2): 156-160.

李彩娜, 孙颖, 拓瑞, 等. 2016. 安全依恋对人际信任的影响: 依恋焦虑的调节效应[J]. 心理学报, 48(8): 989-1001.

李同归, 加藤和生. 2006. 成人依恋的测量: 亲密关系经历量表(ECR)中文版[J]. 心理学报, 38(3): 399-406.

李同归, 李楠欣, 李敏. 2006. 成人依恋与社会支持及主观幸福感的关系[J]. 中国临床康复, 10(46): 47-49.

李同归, 万露, 秦和平, 等. 2008. 大学生的依恋类型、社会支持与孤独感[J]. 中国行为医学科学, 17(12): 1115-1117.

廖传景. 2015. 留守儿童安全感研究[D]. 重庆: 西南大学.

林青, 王争艳, 卢珊, 等. 2014. 从母亲的敏感性到学步儿的依恋安全性: 内部工作模式的桥梁作用[J]. 心理学报, 46(3): 353-366.

刘聚红, 钟歆, 王洋, 等. 2015. 爱情关系: 基于成人依恋风格的视角[J]. 心理科学, 38(5): 1213-1217.

马书采, 丁玲, 田志霄, 等. 2013. 成人去激活依恋策略和注意偏向: 来自表情图片外源性提示点探测任务的证据[J]. 心理科学, 36(3): 592-599.

马书采, 肖祝祝, 周爱保, 等. 2011. 回避性依恋和注意偏向: 刺激普遍性与刺激特定性[J]. 心理科学, 34(6): 1313-1319.

马原啸, 冉光明, 陈旭. 2016. 不安全依恋者注意偏向的形成机制及神经基础[J]. 心理科学进展, 24(3): 392-401.

孟红, 程慧君, 范兴华. 2014. 团体心理辅导对大一新生人际容纳的影响[J]. 中国健康心理学杂志, 22(6): 920-922.

尚云, 李辉, 高俊. 2005. 人际交往团体辅导改善大学生心理健康水平的研究[J]. 中国健康心理学杂志, 13(5): 369-371.

田可新, 唐茂芹, 吴昊, 等. 2005. 大学生人际信任与心理健康的相关研究[J]. 中国行为医学科学, 14(7): 657-659.

王力, 张厚粲, 李中权, 等. 2007. 成人依恋、情绪调节与主观幸福: 重新评价和表达抑制的中介作用[J]. 心理学探新, 27(3): 91-96.

王妍, 罗跃嘉. 2005. 大学生面孔表情材料的标准化及其评定[J]. 中国临床心理学杂志, 13(4): 396-398.

王月琴, 李海燕. 2014. 团体心理辅导对改善大学生人际关系的效果[J]. 中国健康心理学杂志, 22(9): 1401-1404.

王月月. 2012. 人际关系团体辅导对大学生自尊水平的影响[D]. 武汉: 华中师范大学.

王争艳, 刘迎泽, 杨叶. 2005. 依恋内部工作模式的研究概述及探讨[J]. 心理科学进展, 13(5): 629-639.

夏瑞雪, 周爱保, 李世峰, 等. 2014. 观点采择在内隐情绪加工中的调节作用[J]. 心理学报, 46(8): 1094-1102.

邢秀茶, 王欣. 2003. 团体心理辅导对大学生人际交往影响的长期效果的研究[J]. 心理发展与教育, 19(2): 74-80.

徐展, 李灿举. 2014. 情绪面孔搜索不对称性: 情绪观与知觉观的争议[J]. 心理科学进展, 22(2): 259-268.

杨丽珠, 董光恒, 金欣俐. 2007. 积极情绪和消极情绪的大脑反应差异研究综述[J]. 心理与行为研究, 5(3): 224-228.

杨玲. 2015. 压力情境下大学生安全基地图式的情感启动[D]. 兰州: 西北师范大学.

曾晓强. 2009. 大学生父母依恋及其对学校适应的影响[D]. 重庆: 西南大学.

张姝玥, 许燕, 潘益中, 等. 2010. 支持提供、支持感知与依恋回避在婚姻关系中的相互作用机制[J]. 心理科学, 33(3): 708-711.

张文娟, 叶惠玲, 许晓栎, 等. 2018. 依恋与人格障碍的关系: 维度诊断的新视角[J]. 北京师范大学学报(社会科学版), (5): 72-82.

钟歆, 陈旭. 2013. 不同依恋风格者对情绪面孔的加工[J]. 心理科学进展, 21(12): 2154-2163.

钟歆, 陈旭. 2016. 动机变化视角下依恋回避者的安全依恋情感激活[J]. 西南大学学报(社会科学版), 42(6): 111-117.

钟歆, 刘聚红, 陈旭. 2014. 青少年同伴依恋: 基于发展的视角[J]. 心理科学进展, 22(7): 1149-1158.

钟友彬. 1999. 认识领悟疗法[M]. 贵阳: 贵州教育出版社.

周爱保, 李梅, 李同归. 2005. 成人依恋背景中图片对安全基模的情感启动[J]. 心理科学, 28(1): 85-88.

周春秀, 孙小菲, 张晓霞, 等. 2017. 人际取向结构式团体心理辅导对大一新生个体依恋和团体依恋的影响[J]. 杭州师范大学学报(自然科学版), 16(6): 587-593.

Adamczyk K, Bookwala J. 2013. Adult attachment and single vs. partnered relationship status in Polish university students[J]. Journal of Psychological Topics, 22(3): 481-500.

Ainsworth M D S, Bell S M. 1970. Attachment, exploration, and separation: Illustrated by the behavior of one-year-olds in a strange situation[J]. Child Development, 41(1): 49-67.

Ainsworth M D S, Blehar M C, Waters E, et al. 1978. Patterns of Attachment: A Psychological Study of the Strange Situation[M]. Hillsdale, NJ: Lawrence Erlbaum Associates.

Ainsworth M D S, Wittig B A. 1969. Attachment and exploratory behavior of one-year-olds in a strange situation[M]// Foss B M. Determinants of Infant Behavior. London: Methuen.

Ainsworth M S. 1989. Attachments beyond infancy[J]. American Psychologist, 44(4): 709-716.

Allen J P. 2008. The attachment system in adolescence[M]// Cassidy J, Shaver P R. Handbook of Attachment: Theory, Research, and Clinical Applications. 2nd ed. New York: The Guilford Press.

Baldwin M W, Keelan J P R, Fehr B, et al. 1996. Social-cognitive conceptualization of attachment working models: Availability and accessibility effects[J]. Journal of Personality and Social Psychology, 71(1): 94-109.

Baron-Cohen S, Wheelwright S, Hill J, et al. 2001. The "reading the mind in the eyes" test revised version: A study with normal adults, and adults with asperger syndrome or high-functioning autism[J]. Journal of Child Psychology and Psychiatry, 42(2): 241-251.

Bartholomew K, Allison C J. 2006. An attachment perspective on abusive dynamics in intimate relationships[M]// Mikulincer M, Goodman G S. Dynamics of Romantic Love: Attachment, Caregiving, and Sex. New York: The Guilford Press.

Bartholomew K, Horowitz L M. 1991. Attachment styles among young adults: A test of a four-category model[J]. Journal of Personality and Social Psychology, 61(2): 226-244.

Becker D V, Anderson U S, Mortensen C R, et al. 2011. The face in the crowd effect unconfounded: Happy faces, not angry faces, are more efficiently detected in single- and multiple-target visual search tasks[J]. Journal of Experimental Psychology General, 140(4): 637-659.

Beckes L, Simpson J A, Erickson A. 2010. Of snakes and succor: Learning secure attachment associations with novel faces via negative stimulus pairings[J]. Psychological Science, 21(5): 721-728.

Berant E, Mikulincer M, Shaver P R, et al. 2005. Rorschach correlates of self-reported attachment dimensions: Dynamic manifestations of hyperactivating and deactivating strategies[J]. Journal of Personality Assessment, 84(1): 70-81.

Bernstein M J, Sacco D F, Brown C M, et al. 2010. A preference for genuine smiles following social exclusion[J]. Journal of Experimental Social Psychology, 46(1): 196-199.

Blatt S J, Levy K N. 2003. Attachment theory, psychoanalysis, personality development, and psychopathology[J]. Psychoanalytic Inquiry, 23(1): 102-150.

Bowlby J. 1969. Attachment and Loss: Vol. 1: Attachment[M]. New York: Basic Books.

Bowlby J. 1973. Attachment and Loss: Vol. 2: Separation, Anxiety and Anger[M]. New York: Basic Books.

Bowlby J. 1979. The Making and Breaking of Affectional Bonds[M]. London: Tavistock Publication Limited.

Bowlby J. 1988. A Secure Base: Clinical Applications of Attachment Theory[M]. London: Routledge.

Brennan K A, Clark C L, Shaver P R. 1998. Self-report measurement of adult attachment: An integrative overview[M]// Simpson J A, Rholes W S. Attachment Theory and Close Relationships. New York: The Guiford Press.

Brenner R E, Vogel D L. 2015. Measuring thought content valence after a breakup: Development of the Positive and Negative Ex-Relationship Thoughts (PANERT) scale[J]. Journal of Counseling Psychology, 62(3): 476-487.

Bretherton I, Munholland K A. 1999. Internal working model in attachment relationships: A construct revisited[M]// Cassidy J, Shaver P R. Handbook of Attachment: Theory, Research, and Clinical Applications. New York: The Guilford Press.

Brumbaugh C C, Fraley R C. 2007. Transference of attachment patterns: How important relationships influence feelings toward novel people[J]. Personal Relationships, 14(4): 513-530.

Carnelley K B, Rowe A C. 2007. Repeated priming of attachment security influences later views of self and relationships[J]. Personal Relationships, 14(2): 307-320.

Carver C S, Scheier M F. 1990. Origins and functions of positive and negative affect: A control-process view[J]. Psychological Review, 97(1): 19-35.

Carver C S, Scheier M F. 1998. On the Self-Regulation of Behavior[M]. Cambridge, UK: Cambridge University Press.

Carver C S, Sutton S K, Scheier M F. 2000. Action, emotion, and personality: Emerging conceptual integration[J]. Personality and Social Psychology Bulletin, 26(6): 741-751.

Cassidy J. 1994. Emotion regulation: Influences of attachment relationships[J]. Monographs of the Society for Research in Child Development, 59(2-3): 228-249.

Chen M, Bargh J A. 1999. Consequences of automatic evaluation: Immediate behavioral predispositions to approach or avoid the stimulus[J]. Personality and Social Psychology Bulletin, 25(2): 215-224.

Cohen M, Shaver P R. 2004. Avoidant attachment and hemispheric lateralisation of the processing of attachment- and emotion-related words[J]. Cognition and Emotion, 18(6): 799-813.

Collins N L, Feeney B C. 2000. A safe haven: An attachment theory perspective on support seeking and caregiving in intimate relationships[J]. Journal of Personality and Social Psychology, 78(6): 1053-1073.

Collins N L, Read S J. 1990. Adult attachment, working models, and relationship quality in dating couples[J]. Journal of Personality and Social Psychology, 58(4): 644-663.

Dandeneau S D, Baldwin M W, Baccus J R, et al. 2007. Cutting stress off at the pass: Reducing vigilance and responsiveness to social threat by manipulating attention[J]. Journal of Personality and Social Psychology, 93(4): 651-666.

Daniel S I F. 2006. Adult attachment patterns and individual psychotherapy: A review[J]. Clinical Psychology Review, 26(8): 968-984.

De Houwer J, Hermans D, Rothermund K, et al. 2002. Affective priming of semantic categorisation responses[J]. Cognition and Emotion, 16(5): 643-666.

Desimone R, Duncan J. 1995. Neural mechanisms of selective visual attention[J]. Annual Review of Neuroscience, 18: 193-222.

Dewitte M, De Houwer J. 2008. Adult attachment and attention to positive and negative emotional face expressions[J]. Journal of Research in Personality, 42(2): 498-505.

Dinero R E, Conger R D, Shaver P R, et al. 2011. Influence of family of origin and adult romantic partners on romantic attachment security[J]. Couple and Family Psychology: Research and Practice, 1: 16-30.

Dufner M, Arslan R C, Hagemeyer B, et al. 2015. Affective contingencies in the affiliative domain: Physiological assessment, associations with the affiliation motive, and prediction of behavior[J]. Journal of Personality and Social Psychology, 109(4): 662-676.

Ein-Dor T, Mikulincer M, Shaver P R. 2011. Attachment insecurities and the processing of threat-related information: Studying the schemas involved in insecure people's coping strategies[J]. Journal of Personality and Social Psychology, 101(1): 78-93.

Elliot A J. 2008. Handbook of Approach and Avoidance Motivation[M]. Mahwah, NJ: Lawrence Erlbaum Associates.

Feeney J A, Hohaus L. 2001. Attachment and spousal caregiving[J]. Personal Relationships, 8(1): 21-39.

Feeney J A, Noller P, Patty J. 1993. Adolescents' interactions with the opposite sex: Influence of attachment style and gender[J]. Journal of Adolescence, 16(2): 169-186.

Fey W F. 1955. Acceptance by others and its relation to acceptance of self and others: A revaluation[J]. Journal of Abnormal Psychology, 50(2): 274-276.

Fraley R C, Garner J P, Shaver P R. 2000. Adult attachment and the defensive regulation of attention and memory: Examining the role of preemptive and postemptive defensive processes[J]. Journal of Personality and Social Psychology, 79(5): 816-826.

Fraley R C, Niedenthal P M, Marks M, et al. 2006. Adult attachment and the perception of emotional expressions: Probing the hyperactivating strategies underlying anxious attachment[J]. Journal of Personality, 74(4): 1163-1190.

Fraley R C, Shaver P R. 2000. Adult romantic attachment: Theoretical developments, emerging controversies, and unanswered questions[J]. Review of General Psychology, 4(2): 132-154.

Freeman H. Brown B B. 2001. Primary attachment to parents and peers during adolescence: Differences by attachment style[J]. Journal of Youth and Adolescence, 30(6): 653-674.

Gable S L, Impett E A. 2012. Approach and avoidance motives and close relationships[J]. Social and Personality Psychology Compass, 6(1): 95-108.

Gable S L, Reis H T, Elliot A J. 2000. Behavioral activation and inhibition in everyday life[J]. Journal of Personality and Social Psychology, 78(6): 1135-1149.

Gabriel S, Kawakami K, Bartak C, et al. 2010. Negative self-synchronization: Will I change to be like you when it is bad for me?[J]. Journal of Personality and Social Psychology, 98(6): 857-871.

Gillath O, Mikulincer M, Fitzsimons G M, et al. 2006. Automatic activation of attachment-related goals[J]. Personality and Social Psychology Bulletin, 32(10): 1375-1388.

Gillath O, Selcuk E, Shaver P R. 2008. Moving toward a secure attachment style: Can repeated security priming help?[J]. Social and Personality Psychology Compass, 2(4): 1651-1666.

Girme Y U, Overall N C, Simpson J A, et al. 2015. "All or nothing": Attachment avoidance and the curvilinear effects of partner support[J]. Journal of Personality and Social Psychology, 108(3): 450-475.

Gorrese A, Ruggieri R. 2012. Peer attachment: A meta-analytic review of gender and age differences and associations with parent attachment[J]. Journal of Youth and Adolescence, 41(5): 650-672.

Gray J. 1987. The Psychology of Fear and Stress[M]. 2nd ed. New York: Cambridge University Press.

Hadden B W, Smith C V, Webster G D. 2014. Relationship duration moderates associations between attachment and relationship quality: Meta-analytic support for the temporal adult romantic attachment model[J]. Personality & Social Psychology Review, 18(1): 42-58.

Hazan C, Shaver P. 1987. Romantic love conceptualized as an attachment process[J]. Journal of Personality and Social Psychology, 52(3): 511-524.

Hesse H. 1999. The Adult Attachment Interview: Historical and current perspectives[M]// Cassidy J, Shaver P R. Handbook of Attachment: Theory, Research, and Clinical Applications. New York: The Guilford Press.

Huang L, Murnighan J K. 2010. What's in a name? Subliminally activating trusting behavior[J]. Organizational Behavior and Human Decision Processes, 111(1): 62-70.

Impett E A, Gordon A M. 2010. Why do people sacrifice to approach rewards versus to avoid costs? Insights from attachment theory[J]. Personal Relationships, 17(2): 299-315.

Juhl J, Sand E C, Routledge C. 2012. The effects of nostalgia and avoidant attachment on relationship satisfaction and romantic motives[J]. Journal of Social and Personal Relationships, 29(5): 661-670.

Kalish R A. 1985. Death, Grief, and Caring Relationships[M]. New York: Brooks/Cole.

Klauer K C, Musch J. 2003. Affective Priming: Findings and Theories[M]//Musch J, Klauer K C. The Psychology of Evaluation: Affective Processes in Cognition and Emotion. Mahwah, NJ: Lawrence Erlbaum Associates.

Klein A M, Becker E S, Rinck M. 2011. Approach and avoidance tendencies in spider fearful children: the approach-avoidance task[J]. Journal of Child and Family Studies, 20(2): 224-231.

Kobak R R, Sceery A. 1988. Attachment in late adolescence: Working models, affect regulation, and representations of self and others[J]. Child Development, 59(1): 135-146.

Lang P J, Bradley M M, Cuthbert B N. 1997. Motivated attention: Affect, activation, and action[M]// Lang P J, Simons R F. Attention and Orienting: Sensory and Motivational Processes. Mahwah, NJ: Lawrence Erlbaum Associates.

Leary M R, Haupt A L, Strausser K S, et al. 1998. Calibrating the sociometer: The relationship between interpersonal appraisals and state self-esteem[J]. Journal of Personality and Social Psychology, 74(5): 1290-1299.

Lyons-Ruth K, Jacobwitz D. 1999. Attachment disorganization: Unresolved loss, realtional violence, and lapses in behavioral and attentional strategies[M]//Cassidy J, Shaver P R. Handbook of Attachment: Theory, Research and Clinical Applications. New York: The Guilford Press.

Ma C Q, Huebner E S. 2008. Attachment relationships and adolescents' life satisfaction: Some relationships matter more to girls than boys[J]. Psychology in the Schools, 45(2): 177-190.

Magai C, Hunziker J, Mesias W, et al. 2000. Adult attachment styles and emotional biases[J]. International Journal of Behavioral Development, 24(3): 301-309.

Maier M A, Bernier A, Pekrun R, et al. 2005. Attachment state of mind and perceptual processing of emotional stimuli[J]. Attachment & Human Development, 7(1): 67-81.

Main M. 1990. Cross-cultural studies of attachment organization: Recent studies, changing methodologies and the concept of conditional strategies[J]. Human Development, 33(1): 48-61.

Maio G R, Olson J M, Cheung I. 2012. Attitudes in social behavior[M]// Tennen H A, Suls J M. Handbook of Psychology. Vol. 5: Personality and Social Psychology. 2nd ed. New York: Wiley.

Manusov V, Trees A R. 2002. "Are you kidding me?": The role of nonverbal cues in the verbal accounting process[J]. Journal of Communication, 52(3): 640-656.

Marmarosh C L. 2009. Multiple attachments and group psychotherapy: Implications for college counseling centers[J]. International Journal of Group Psychotherapy, 59(4): 461-490.

Marsh A A, Ambady N, Kleck R E. 2005. The effects of fear and anger facial expressions on approach- and avoidance-related behaviors[J]. Emotion, 5(1): 119-124.

Marshall T C, Bejanyan K, Castro G D, et al. 2013. Attachment styles as predictors of Facebook-related jealousy and surveillance in romantic relationships[J]. Personal Relationships, 20(1): 1-22.

Mayseless O, Scharf M. 2007. Adolescents' attachment representations and their capacity for intimacy in close relationships[J]. Journal of Research on Adolescence, 17(1): 23-50.

McClelland D C. 1987. Human Motivation[M]. New York: Cambridge University Press.

Mccluskey U. 2002. The dynamics of attachment and systems-centered group psychotherapy[J]. Group Dynamics: Theory, Research, and Practice, 6(2): 131-142.

McCullough L. 1999. Short-term psychodynamic therapy as a form of desensitization: Treating affect phobias[J]. In Session-Psychotherapy in Practice, 4(4): 35-53.

Mikulincer M, Birnbaum G, Woddis D, et al. 2000. Stress and accessibility of proximity-related thoughts: Exploring the normative and intraindividual components of attachment theory[J]. Journal of Personality and Social Psychology, 78(3): 509-523.

Mikulincer M, Gillath O, Sapir-Lavid Y, et al. 2003. Attachment theory and concern for others' welfare: Evidence that activation of the sense of secure base promotes endorsement of self-transcendence values[J]. Basic and Applied Social Psychology, 25(4): 299-312.

Mikulincer M, Hirschberger G, Nachmias O, et al. 2001. The affective component of the secure base schema: Affective priming with representations of attachment security[J]. Journal of Personality and Social Psychology, 81(2): 305-321.

Mikulincer M, Nachshon O. 1991. Attachment styles and patterns of self-disclosure[J]. Journal of Personality and Social Psychology, 61(2): 321-331.

Mikulincer M, Shaver P R, Horesh N. 2006. Attachment bases of emotion regulation and posttraumatic adjustment[M]// Snyder D K, Simpson J A, Hughes J N. Emotion Regulation in Couples and Families: Pathways to Dysfunction and Health. Washington: American Psychological Association.

Mikulincer M, Shaver P R, Sapir-Lavid Y, et al. 2009. What's inside the minds of securely and insecurely attached people? The secure-base script and its associations with attachment-style dimensions[J]. Journal of Personality and Social Psychology, 97(4): 615-633.

Mikulincer M, Shaver P R. 2001. Attachment theory and intergroup bias: Evidence that priming the secure base schema attenuates negative reactions to out-groups[J]. Journal of Personality and Social Psychology, 81(1): 97-115.

Mikulincer M, Shaver P R. 2003. The attachment behavioral system in adulthood: Activation, psychodynamics, and interpersonal processes[M]//Zanna M P. Advances in Experimental Social Psychology. Amsterdam: Elsevier.

Mikulincer M, Shaver P R. 2005. Attachment theory and emotions in close relationships: Exploring the attachment-related dynamics of emotional reactions to relational events[J]. Personal Relationships, 12(2): 149-168.

Mikulincer M, Shaver P R. 2007. Boosting attachment security to promote mental health, prosocial values, and inter-group tolerance[J]. Psychological Inquiry, 18(3): 139-156.

Morey J N, Gentzler A L, Creasy B, et al. 2013. Young adults' use of communication technology within their romantic relationships and associations with attachment style[J]. Computers in Human Behavior, 29(4): 1771-1778.

Nelson E E, Panksepp J. 1998. Brain substrates of infant-mother attachment: Contributions of opioids, oxytocin, and norepinephrine[J]. Neuroscience and Biobehavioral Reviews, 22(3): 437-452.

Nelson K. 1986. Event Knowledge: Structure and Function in Development Scripts and Narratives[M]. Mahwah, NJ: Lawrence Erlbaum Associates.

Neumann R, Lozo L, Kunde W. 2014. Not all behaviors are controlled in the same way: Different mechanisms underlie manual and facial approach and avoidance responses[J]. Journal of Experimental Psychology General, 143(1): 1-8.

Nickerson A B, Nagle R J. 2005. Parent and peer attachment in late childhood and early adolescence[J]. The Journal of Early Adolescence, 25(2): 223-249.

Niedenthal P M, Brauer M, Robin L, et al. 2002. Adult attachment and the perception of facial expression of emotion[J]. Journal of Personality and Social Psychology, 82(3): 419-433.

Nikitin J, Freund A M. 2010. When wanting and fearing go together: The effect of co-occurring social approach and avoidance motivation on behavior, affect, and cognition[J]. European Journal of Social Psychology, 40(5): 783-804.

Öhman A, Mineka S. 2001. Fears, phobias, and preparedness: Toward an evolved module of fear and fear learning[J]. Psychological Review, 108(3): 483-522.

Overall N C, Simpson J A, Struthers H. 2013. Buffering attachment-related avoidance: softening emotional and behavioral defenses during conflict discussions[J]. Journal of Personality and Social Psychology, 104(5): 854 - 871.

Pierce T, Lydon J. 1998. Priming relational schemas: Effects of contextually activated and chronically accessible interpersonal expectations on responses to a stressful event[J]. Journal of Personality and Social Psychology, 75(6): 1441-1448.

Pönkänen L M, Hietanen J K. 2012. Eye contact with neutral and smiling faces: Effects on autonomic responses and frontal EEG asymmetry[J]. Frontiers in Human Neuroscience, 6: 122.

Raby K L, Roisman G I, Booth-LaForce C. 2015. Genetic moderation of stability in attachment security from early childhood to age 18 years: A replication study[J]. Developmental Psychology, 51(11): 1645-1649.

Ravitz P, Maunder R, Hunter J, et al. 2010. Adult attachment measures: A 25-year review[J]. Journal of Psychosomatic Research, 69(4): 419-432.

Richman S B, DeWall C N, Wolff M N. 2015. Avoiding affection, avoiding altruism: Why is avoidant attachment related to less helping?[J]. Personality and Individual Differences, 76: 193-197.

Rinck M, Becker E S. 2007. Approach and avoidance in fear of spiders[J]. Journal of Behavior Therapy and Experimental Psychiatry, 38(2): 105-120.

Rinck M, Telli S, Kampmann I L, et al. 2013. Training approach-avoidance of smiling faces affects emotional vulnerability in socially anxious individuals[J]. Frontiers in Human Neuroscience, 7: 481.

Rosenberg M. 1965. Society and the Adolescent Self-image[M]. Princeton, NJ: Princeton University Press.

Rossouw P J. 2013. The neuroscience of smiling and laughter[J]. Neuropsychotherapist, 1(1): 14-21.

Salovey P, Mayer J D. 1990. Emotional intelligence[J]. Imagination, cognition, and personality, 9(3): 185-211.

Savage R A, Lipp O V, Craig B M, et al. 2013. In search of the emotional face: Anger versus happiness superiority in visual search[J]. Emotion, 13(4): 758-768.

Schachner D A, Shaver P R, Mikulincer M. 2005. Patterns of nonverbal behavior and sensivity in the context of attachment relations[J]. Journal of Nonverbal Behavior, 29(3): 141-169.

Schank R C. 1999. Dynamic Memory Revisited[M]. Cambridge, UK: Cambridge University Press.

Scherer K R, Wallbott H G. 1994. Evidence for universality and cultural variation of differential emotion response patterning[J]. Journal of Personality and Social Psychology, 66(2): 310-328.

Schindler I, Fagundes C P, Murdock K W. 2010. Predictors of romantic relationship formation: Attachment style, prior relationships, and dating goals[J]. Personal Relationships, 17(1): 97-105.

Schultheiss O C. 2008. Implicit motives[M]// John O P, Robins R W, Pervin L A. Handbook of Personality: Theory and Research. 3rd ed. New York: The Guilford Press.

Shaver P R, Mikulincer M. 2006. Attachment theory, individual psychodynamics, and relationship functionining[M]// Perlmanand D, Vangelisti A. The Cambridge Handbook of Personal Relationships. Cambridge, UK: Cambridge University Press.

Slade A. 1999. Attachment theory and research: Implications for the theory and practice of individual psychotherapy with adults[M]// Cassidy J, Shaver P R. Handbook of Attachment: Theory, Research, and Clinical Applications. New York: The Guilford Press: 575-594.

Smith E R, Murphy J, Coats S. 1999. Attachment to groups: Theory and measurement[J]. Journal of Personality and Social Psychology, 77(1): 94-110.

Spangler G, Maier U, Geserick B, et al. 2010. The influence of attachment representation on parental perception and interpretation of infant emotions: A multilevel approach[J]. Developmental Psychobiology, 52(5): 411-423.

Sprecher S. 2013. Attachment style and sexual permissiveness: The moderating role of gender[J]. Personality and Individual Differences, 55(4): 428-432.

Spruyt A, de Houwer J, Hermans D, et al. 2007. Affective priming of nonaffective semantic categorization responses[J]. Experimental Psychology, 54(1): 44-53.

Sroufe L A, Waters E. 1977. Attachment as an organizational construct[J]. Child Development, 48(4): 1184-1199.

Steele R D, Waters T E A, Bost K K, et al. 2014. Caregiving antecedents of secure base script knowledge: A comparative analysis of young adult attachment representations[J]. Developmental Psychology, 50(11): 2526-2538.

Suslow T, Kugel H, Rauch A V, et al. 2009. Attachment avoidance modulates neural response to masked facial emotion[J]. Human Brain Mapping, 30(11): 3553-3562.

Tarabulsy G M, Larose S, Bernier A, et al. 2012. Attachment states of mind in late adolescence and the quality and course of romantic relationships in adulthood[J]. Attachment & Human Development, 14(6): 621-643.

Tidwell M C, Reis H T, Shaver P R. 1996. Attachment, attractiveness, and social interaction: A diary study[J]. Journal of Personality and Social Psychology, 71(4): 729-745.

Tsilika E, Parpa E, Zygogianni A, et al. 2015. Caregivers' attachment patterns and their interactions with cancer patients' patterns[J]. Supportive Care in Cancer: Official Journal of the Multinational Association of Supportive Care in Cancer, 23(1): 87-94.

Tucker J S, Anders S L. 1999. Attachment style, interpersonal perception accuracy, and relationship satisfaction in dating couples[J]. Personality and Social Psychology Bulletin, 25(4): 403-412.

Van D S, Pecher D, Zwaan R A. 2008. Approach and avoidance as action effects[J]. Quarterly Journal of Experimental Psychology, 61(9): 1298-1306.

van Peer J M, Rotteveel M, Spinhoven P, et al. 2010. Affect-congruent approach and withdrawal movements of happy and angry faces facilitate affective categorisation[J]. Cognition & Emotion, 24(5): 863-875.

Vrticka P. 2012. Interpersonal closeness and social reward processing[J]. The Journal of Neuroscience, 32(37): 12649-12650.

Waters H S, Waters E. 2006. The attachment working models concept: Among other things, we build script-like representations of secure base experiences[J]. Attachment & Human Development, 8(3): 185-197.

Waters T E A, Fraley R C, Groh A M, et al. 2015. The latent structure of secure base script knowledge[J]. Developmental Psychology, 51(6): 823-830.

Watson D, Clark L A, Tellegen A. 1988. Development and validation of brief measures of positive and negative affect: The PANAS scales[J]. Journal of Personality and Social Psychology, 54 (6) : 1063-1070.

White L O, Wu J, Borelli J L, et al. 2012. Attachment dismissal predicts frontal slow-wave ERPs during rejection by unfamiliar peers[J]. Emotion, 12 (4) : 690-700.

Woud M L, Becker E S, Rinck M. 2011. Induction of implicit evaluation biases by approach-avoidance training: A commentary on Vandenbosch and De Houwer (this issue) [J]. Cognition and Emotion, 25 (7) : 1331-1338.

Yarkovsky N, Timmons F P A. 2014. Attachment style, early sexual intercourse, and dating aggression victimization[J]. Journal of Interpersonal Violence, 29 (2) : 279-298.

Zajonc R B. 2000. Feeling and thinking: Closing the debate over the independence of affect [M]// Forgas J P. Feeling and Thinking: The role of Affect in Social Cognition. Cambridge, UK: Cambridge University Press.

附　　录

附录 1　实验须知

您好，请认真阅读以下部分：

1. 实验过程需要您一鼓作气完成，请确保实验全程手机调至静音或关闭，请勿玩手机、讲话或离开。

2. 实验没有任何难度，放轻松，您只需按照屏幕上的提示语进行操作就行。

3. 请耐心完成实验，切记<u>不要随意作答</u>(这一点对我们非常重要！)，因为您的每一次回答都将与我们的研究结果息息相关。

4. 请确认您为右利手(即不是左撇子)。

5. 当屏幕上显示"实验结束"时，请告知实验者。

6. 实验全程结束，您将收到*元的酬劳！

謝謝您的配合！

附录2 亲密关系经历量表(ECR)

下面给出了一些句子，都是描述恋爱关系中的每个人可能会有的感觉。在你的恋爱关系中，你自己的<u>一般的体验</u>，与每个句子描述的情况有多大相似的地方？如果你还没有恋爱经历，请根据你与你最亲近的异性朋友的一般交往感受来填。请在每个句子下面的评价值一栏中，在最适合你的数值上画○，1 表示十分不符合，7 表示十分符合。记住，<u>这里并不是指你现在的恋爱感受</u>，而是指在你所有的恋爱经历中常常体验到的感觉。

1	2	3	4	5	6	7
十分 不符合	比较 不符合	有些 不符合	无法 确定	有些 符合	比较 符合	十分 符合

1. 总的来说，我不喜欢让恋人知道自己内心深处的感觉。

    1   2   3   4   5   6   7

2. 我担心我会被抛弃。

    1   2   3   4   5   6   7

3. 我觉得跟恋人亲近是一件惬意的事情。

    1   2   3   4   5   6   7

4. 我很担心我的恋爱关系。

    1   2   3   4   5   6   7

5. 当恋人开始要跟我亲近时，我发现我自己在退缩。

    1   2   3   4   5   6   7

6. 我担心恋人不会像我关心他那样地关心我。

    1   2   3   4   5   6   7

7. 当恋人希望跟我非常亲近时，我会觉得不自在。

    1   2   3   4   5   6   7

8. 我有点担心会失去恋人。

    1   2   3   4   5   6   7

9. 我觉得对恋人开诚布公，不是一件很舒服的事情。

    1   2   3   4   5   6   7

10. 我常常希望恋人对我的感情和我对他的感情一样强烈。

    1   2   3   4   5   6   7

11. 我想与恋人亲近，但又总是会退缩不前。

    1   2   3   4   5   6   7

12. 我常常想与恋人形影不离，但有时这样会把恋人吓跑。

    1   2   3   4   5   6   7

13. 当恋人跟我过分亲密的时候，我会感到内心紧张。

    1   2   3   4   5   6   7

14. 我担心一个人独处。

    1   2   3   4   5   6   7

15. 我愿意把我内心的想法和感觉告诉恋人，我觉得这是一件自在的事情。

    1   2   3   4   5   6   7

16. 我想跟恋人非常亲密的愿望，有时会把恋人吓跑。

    1   2   3   4   5   6   7

17. 我试图避免与恋人变得太亲近。

    1   2   3   4   5   6   7

18. 我需要我的恋人一再地保证他/她是爱我的。

    1   2   3   4   5   6   7

19. 我觉得我比较容易与恋人亲近。

    1   2   3   4   5   6   7

20. 我觉得自己在要求恋人把更多的感觉，以及对恋爱关系的投入程度表现出来。

    1   2   3   4   5   6   7

21. 我发现让我依赖恋人，是一件困难的事情。

    1   2   3   4   5   6   7

22. 我并不是常常担心被恋人抛弃。

    1   2   3   4   5   6   7

23. 我倾向于不跟恋人过分亲密。

    1   2   3   4   5   6   7

24. 如果我无法得到恋人的注意和关心，我会心烦意乱或者生气。

    1   2   3   4   5   6   7

25. 我跟恋人什么事情都讲。

    1   2   3   4   5   6   7

26. 我发现恋人并不愿意像我所想的那样跟我亲近。

    1   2   3   4   5   6   7

27. 我经常与恋人讨论我所遇到的问题以及我关心的事情。

    1   2   3   4   5   6   7

28. 如果我还没有恋人的话，我会感到有点焦虑和不安。

    1   2   3   4   5   6   7

29. 我觉得依赖恋人是很自在的事情。

    1   2   3   4   5   6   7

30. 如果恋人不能像我所希望的那样在我身边，我会感到灰心丧气。

    1   2   3   4   5   6   7

31. 我并不在意从恋人那里寻找安慰、听取劝告、得到帮助。

    1   2   3   4   5   6   7

32. 如果在我需要的时候，恋人却不在我身边，我会感到沮丧。

    1   2   3   4   5   6   7

33. 在需要的时候，我向恋人求助，是很有用的。

    1   2   3   4   5   6   7

34. 当恋人不赞同我时，我觉得确实是我不好。

    1   2   3   4   5   6   7

35. 我会在很多事情上向恋人求助，包括寻求安慰和得到承诺。

    1   2   3   4   5   6   7

36. 当恋人不花时间和我在一起时，我会感到怨恨。

    1   2   3   4   5   6   7

附录 3　正性负性情绪量表(PANAS)

你好,下面有 20 个描述情绪的形容词,请在每个词汇后面勾选最符合你此刻心情的数字。请凭你的第一印象作答,不需要花太多时间去想,请不要多选、漏选。

	非常轻微 或没有	有一点	中等强度	较强	极强
1. 感兴趣的	1	2	3	4	5
2. 悲伤的	1	2	3	4	5
3. 兴奋的	1	2	3	4	5
4. 沮丧的	1	2	3	4	5
5. 劲头足的	1	2	3	4	5
6. 内疚的	1	2	3	4	5
7. 恐惧的	1	2	3	4	5
8. 敌意的	1	2	3	4	5
9. 热情的	1	2	3	4	5
10. 自豪的	1	2	3	4	5
11. 易怒的	1	2	3	4	5
12. 警醒的	1	2	3	4	5
13. 羞愧的	1	2	3	4	5
14. 备受鼓舞的	1	2	3	4	5
15. 紧张的	1	2	3	4	5
16. 意志坚定的	1	2	3	4	5
17. 注意力集中的	1	2	3	4	5
18. 不安的	1	2	3	4	5
19. 活跃的	1	2	3	4	5
20. 害怕的	1	2	3	4	5

附录 4　关系问卷(RQ)

　　在你现在或者过去所经历过的人际关系中，下列 4 种类型，每种在多大程度上能够描述你对他人(如朋友，亲戚等)的一般的感觉和想法？请运用下面的 7 点量表进行评定，在评价值一栏(1 到 7)相应的数值上画○。

1-----------2-----------3----------4---------5-----------6-------7
一点也不适合　比较不适合　有点不适合　不好说　有点适合　比较适合　完全适合

类型 1

　　对我来说，在感情上和他人变得亲近是一件比较容易的事情。我信赖他人，让他人也信赖我，我觉得这是很自在的事。我不担心自己独处，或者不被他人所接受。

1----2----3----4----5----6----7

类型 2

　　即使在感情上和他人没有建立亲密的关系，我也会觉得很自在。对我来说最重要的是要自立，什么都自己干。我倾向于不依赖他人，也不喜欢他人依赖我。

1----2----3----4----5----6----7

类型 3

　　我想和他人在感情上非常亲密，他人也会像我想的那样和我亲近，但我常常发现他人这样做很勉强。如果关系不亲密，我会觉得不自在，但我有时担心他人并不像我重视他那样地重视我。

1----2----3----4----5----6----7

类型 4

跟他人亲近，我会觉得有点儿不自在。我需要感情上的亲密关系，但是我发现很难完全信任他人，或者很难依赖他人。有时，我担心如果与他人过于亲近的话，会对我构成伤害。

1----2----3----4----5----6----7

上面提到的 4 种类型中，哪一种与你的情况最匹配？请选择一种最适合你的类型，在相应的数字上画○：

类型 1　类型 2　类型 3　类型 4

附录5 自尊量表(SES)

姓名   性别

下面是一些个人对自己的看法的陈述。填答时，请看清楚每句话的意思，然后圈选一个数字(1代表该句话完全不符合你的情况；2代表比较不符合你的情况；3代表比较符合你的情况；4代表完全符合你的情况)，以代表该句话与你现在对自己的看法相符合的程度。每个人对自己的看法都有其独特性，因此选项是没有对错的，你只要如实回答就可以了。

1.我感到我是一个有价值的人，至少与其他人在同一水平上。	1	2	3	4
2.我感到我有许多好的品质。	1	2	3	4
3.归根结底，我倾向于觉得自己是一个失败者。	1	2	3	4
4.我能像大多数人一样把事情做好。	1	2	3	4
5.我感到自己值得自豪的地方不多。	1	2	3	4
6.我对自己持肯定态度。	1	2	3	4
7.总的来说，我对自己是满意的。	1	2	3	4
8.我希望我能为自己赢得更多尊重。	1	2	3	4
9.我确实时常感到毫无用处。	1	2	3	4
10.我时常认为自己一无是处。	1	2	3	4

附录6 容纳他人量表(AOS)

下面是一些个人对自己的看法的陈述。填答时，请看清楚每句话的意思，然后圈选一个数字(1 代表该句话完全符合你的情况；2 代表比较符合你的情况；3 代表不确定；4 代表比较不符合你的情况；5 代表完全不符合你的情况)，以代表该句话与你现在对自己的看法相符合的程度。每个人对自己的看法都有其独特性，因此选项是没有对错的，你只要如实回答就可以了。

1.人们太容易被指挥了。	1	2	3	4	5
2.我喜欢我所了解的人们。	1	2	3	4	5
3.当今人们的道德水准太低了。	1	2	3	4	5
4.多数人相当自命不凡，从不正视自己的缺点。	1	2	3	4	5
5.我几乎能与所有类型的人愉快相处。	1	2	3	4	5
6.当今人们所谈论的似乎都是电影、电视这一类事情。	1	2	3	4	5
7.人们取得成功靠的是门路而不是知识。	1	2	3	4	5
8.一旦你开始帮助某人，他就会轻视你。	1	2	3	4	5
9.人们太以自我为中心了。	1	2	3	4	5
10.人们总是不满足并不断地寻找新鲜事。	1	2	3	4	5
11.有许多人令人无法容忍。	1	2	3	4	5
12.如果你按自己的意愿做某件事就有可能伤害一些人。	1	2	3	4	5
13.人们确实需要一个强硬的、聪明的领袖。	1	2	3	4	5
14.当我独自一人、远离人群时，我最欣赏我自己。	1	2	3	4	5
15.我真希望人们对你更诚实一些。	1	2	3	4	5
16.我喜欢和很多人在一起。	1	2	3	4	5
17.根据我的经验，人是相当顽固和缺乏理智的动物。	1	2	3	4	5
18.跟与自己价值观不同的人在一起时我能够感到愉快。	1	2	3	4	5
19.人人都想做好人。	1	2	3	4	5
20.一般人对自己并非十分满意。	1	2	3	4	5

附录 7　团辅评价反馈表

请你回答下面四组提问，以 1～7 的尺度等级估量你对于此次团体活动的评价，1 代表左侧状态的最高级，7 代表右侧状态的最高级，2～6 代表中间状态。

1. 我来参加这个团体活动是基于
   (1) 需要的 1　2　3　4　5　6　7 好奇的
   (2) 自愿的 1　2　3　4　5　6　7 被迫的
   (3) 愉快的 1　2　3　4　5　6　7 痛苦的
   (4) 迫切的 1　2　3　4　5　6　7 无奈的

2. 我觉得团体活动的过程是
   (1) 参与的 1　2　3　4　5　6　7 个人的
   (2) 渐进的 1　2　3　4　5　6　7 突然的
   (3) 有条理的 1　2　3　4　5　6　7 散漫的
   (4) 变化的 1　2　3　4　5　6　7 呆板的
   (5) 有目标的 1　2　3　4　5　6　7 无目标的

3. 我觉得团体活动的气氛是
   (1) 温暖的 1　2　3　4　5　6　7 冷淡的
   (2) 友善的 1　2　3　4　5　6　7 敌意的
   (3) 支持的 1　2　3　4　5　6　7 反对的
   (4) 信任的 1　2　3　4　5　6　7 猜疑的
   (5) 轻松的 1　2　3　4　5　6　7 紧张的
   (6) 尊重的 1　2　3　4　5　6　7 轻视的
   (7) 接纳的 1　2　3　4　5　6　7 拒绝的
   (8) 开放的 1　2　3　4　5　6　7 封闭的
   (9) 安全的 1　2　3　4　5　6　7 危险的
   (10) 自由的 1　2　3　4　5　6　7 限制的

4. 我对这次团体活动内容的感觉是
   (1) 有益的 1　2　3　4　5　6　7 无益的
   (2) 有趣的 1　2　3　4　5　6　7 无趣的
   (3) 适当的 1　2　3　4　5　6　7 不适当的
   (4) 有价值的 1　2　3　4　5　6　7 无价值的